神さま仏さまが こっそり 教えてくれた こと

真言宗尼僧
悟東あすか

ダイヤモンド社

はじめに

この本を手にしてくださり、ありがとうございます。

あなたは、もう、ひとりでがんばらなくても大丈夫です。

この本は、あなたとご神仏をつなげるためにつくられました。

神さまや仏さまの存在は、目には見えません。

でも、たとえ人間が気づかなくても、いつでも私たちのそばにいます。

そして、私たちが幸せに夢をかなえていくために、その人生を見守り、導きたいと思っていらっしゃるのです。


私は、高野山真言宗《こうやさんしんごんしゅう》の尼僧であり、漫画家です。また、夫と娘と暮らす「普通のおばちゃん」でもあります。「尼僧なのに結婚しているの?」と不思議に思うかもしれませんが、日本では明治時代から僧侶も結婚が許されています。

実は、私はお寺の出身ではありません。理学部を目指しての受験生だった時代に仏教と出会い、空海の開いた高野山で約33年前に尼僧となりました。

私は幼い頃から、「見えないもの」の声を聞いたり、感じたりしていました。それが何だったのかはわかりません。しかし、成長するにつれて、それにより実生活に支障をきたすようになってしまったのです。

思春期を迎える頃になると、そういった存在から、外出先で突然、手を引っ張られたりするなど、ところかまわずちょっかいを出されるようになりました。結果、睡眠障害などにも悩まされるようになったのです。

しかし、真言宗に入門（得度《とくど》）した時に、お大師さま（弘法大師さま）に、私はこう祈りました。

「私が見たいものは、こんなものではありません。私が見たいのは、真実の世界であり、そこに近づきたいのです。あなたの見た世界の片鱗でもいいので、そちらのほうが見たいのです」

これ以降、おかしなものをむやみに見ることはなくなりました。ご神仏に祈ったり、助けを求めたりした時にだけ感じられるようになったのです。

今は、自宅に祀《まつ》っている不動明王さま（お不動さま）に日々祈りを捧げつつ漫画を描き、時折ご依頼があれば、ご祈祷やご供養をおこない、ご神仏と皆さまとの橋渡しをさせていただいています。

そのようにして毎日、ご神仏と深く関わる中で、私は数々の仏さまや神さまといった存在を身近に強く感じるようになりました。そして、お不動さまをはじめとするご神仏のメッセージを受け取るようになりました。

ご神仏の言葉が私にどう伝わってくるのかといいますと、頭の中に、ご神仏の意思というか、いわゆるメッセージと呼べるものが直接伝わってくることもありますし、物や光景、ご神仏や亡くなった方などの姿が画像として浮かんでくることもあります。

そして、**神さまや仏さまは、私たちが生まれた時からずっと見守っていて、人間の悩みや人生の問題を受け止め、常に励まし、具体的に導いてくださっていることを実感したのです。**そのことをお伝えしたくて、漫画やイラストを描いたり、本を出版してお話会や講演などをおこなったりしています。

でも、私はいわゆる「霊能者」ではありません。日々、自宅で不動明王さまを祈り続けている真言行者《ぎょうじゃ》です。

ご神仏に祈りを捧げながら生きることも、漫画を描きつつ「普通の生活者」として毎日を送ることも、私にとっては何ものにも代えがたい大切な修行です。

ご神仏と関わり、私自身の生き方は大きく変わりました。

何度もその存在に助けられる中で、自分の心を素直に見つめられるようになり、大きな安心感の中で生きられるようになったのです。

神さまや仏さまは、私たちの長所も欠点も知り尽くしたうえで、深い優しさでいつくしみ、守ってくれています。そして、現実を動かし、私たちを教え導いてくださっています。この本では、そんなご神仏の働きを理解して、日々つながっていく方法や、願いを届ける具体的な方法をたっぷりお伝えします。

あなたは決してひとりではありません。

さあ、今日から、ご神仏と二人三脚の人生を始めましょう！

真言宗尼僧　悟東あすか

神さま仏さまがこっそり教えてくれたこと／目次

第一章　ご神仏は現実をどう動かしているのか

ご神仏の導き方

第二章 ご神仏の力をしっかり受け取る方法

ご神仏と接する時の心がまえと作法

お参りのたびに生き生きとした息吹の感じられる神さま……77

第三章 ご神仏に愛される人、叱られる人

驚くほど幸運な人生に変える法則

第四章　あなたに最善をもたらす祈り方

第一章

ご神仏は現実をどう動かしているのか

ご神仏の導き方

神さまと仏さまの違いとは

本書では、神さま、仏さまという言葉がよく出てきます。

皆さんは、神さまと仏さまの違いがわかりますか？

よく、神社に祀られているのが神さまで、お寺に祀られているのが仏さまと言われますが、しかし、お寺の中にも鳥居や神さまの祠《ほこら》があったりします。不思議に思われたこともあるかもしれませんね。


それは昔、仏教と神道が切り離されていなかった頃は、僧侶も神事にたずさわっていたからなのです。

日本という国が成立する前から、日本には固有の神さまがおられました。さらに多くの神々が日本に移ってこられて、日本の神々となられました。

そして、仏教が大陸から入ってきた時にも、日本の人々はそれを受け入れて、仏さまを日本の神さまと合わせて拝むようになったようです。

「神も仏もあるものか」などといった口上や、初詣で神社も寺院も分け隔《へだ》てなくお参りし、家には神棚と仏壇の両方があるのが一般的なのは、日本人が神さまも仏さまもご神仏として同じように尊び敬い、信仰してきたからだと思います。これこそが日本の文化ではないでしょうか。

真言密教の立場では、神さまも仏さまも宇宙のあらゆるものを大日如来《だいにちにょらい》さまの化身として扱います。

仏教（真言密教）には、○○如来、○○菩薩《ぼさつ》、○○明王《みょうおう》、○○天《てん》と呼ばれる仏さま方がおられます。

元々は生きていた僧侶が遷化《せんげ》（逝去）して、その仏徳を尊崇されて仏として祀られることもあります。

さらに、弁財天《べんざいてん》や大黒天《だいこくてん》、恵比寿天《えびすてん》など仏教に由来があり寺院などで祀られながらも、神社でも神として祀られている場合もあります。

そして神道には、〇〇神、〇〇大明神《だいみょうじん》、〇〇の命《みこと》、〇〇毘売《ひめ》と呼ばれる神さまがたと、元々は人間として生きていたけれど死後にその祟《たた》りを恐れられて神として祀られている菅原道真公《すがわらみちざねこう》や平将門公《たいらのまさかどこう》などがおられます。

本書では、私が僧であるため仏教のご神仏が中心となりますが、しかし、前述しました伝統にのっとって神道の神さまも含めさせていただきましたことをお断《ことわ》りしておきます。

ご神仏が動いてくれた証拠となる瞬間とは

ご神仏は、私たちが気づかないところで、具体的に、そして、物理的に動いてくださいます。今まで、あなたにはこんなことがありませんでしたか?

- 会いたいと思っていた人に、偶然ばったり会えた
- できるかどうか不安だった目標を、見事にクリアできた
- 電車に遅れそうだったが、ギリギリのところで間に合った

ふだんはあまり気にもとめない、このような小さな「いいこと」や「うれしいこと」があった時は、**あなたを守るご神仏が取りはからってくれた場合が多い**のです。

さらに、かなえたい願いが実現するように後押しをしてくれたり、悩みが解決するよう助け船を出してくれたり……。

ご神仏は人生を幸せにしてくれる「可能性のかたまり」をわれわれにくださいます。

この世界には、文字通り無数のご神仏が存在し、それぞれダイナミックに動いて、いつも私たちを守り、導いてくださっているのです。

そして、人間が日常の中で大切な学びを得て、その能力を最大限に発揮し、周囲の人とともによりよい一生を過ごせるように手助けをしてくださるのです。

ご神仏のサポートは、ひとりひとりの状況に合わせた形でやって来ます。

そして、「もうダメだ！」と思う人生の危機から日常の何気ない出来事まで、あらゆるレベルでカバーしてくださるのです。

あなたが祈れば必ず何かが起こる

そんなご神仏の存在を日頃から感じ、祈りや感謝を通してつながるようになると、ますますそのパイプが太くなります。そして、さらに大きなサポートがやって来ます。

たとえば、あなたがお寺にお参りしたり、心の中でご神仏に「よろしくお願いします」と祈ったりしたとします。

すると、**1日2日の間に、たとえ小さなことでも、ふだんとは違うことが起こるのです。**そうやってご神仏は『必ずあなたを守っているよ』と教えてくれるのです。

それは、「いつもより家事がはかどった」「うれしいメールが来た」「いいアイディアがひらめいた」など、ささやかなことかもしれません。でも、「あ、いいことがあった」「守られた」「助けられた」と感じることが少しずつ起き始めます。

その小さな出来事こそ、ご神仏からの働きかけなのだと気づくことが大切です。

ご神仏の存在を感じていくと、毎日が楽しくなっていきます。また、つらいことや嫌なことがあっても、前向きに乗り越えていけるようになります。

そして、「生きているってありがたい」「自分が好き」と思えるようになっていくのです。

その第一歩として、まずは、あなたのそばにいつもいるご神仏の存在に、ぜひ気づいてください。

ご神仏は現実をどう動かすのか

ご神仏が、実際にはどのように現実を動かすのか。

私と、私自身の守り本尊であるお不動さまとの日頃のやりとりをご紹介しましょう。

お不動さまの言葉は、私が日課としているお祈りの最中や、日常の何気ないタイミングにフッと届きます。

また、日々の出来事の中でも、たくさんの導きやサインをくださいます。

たとえば私は、自分の行動や考え方に正すべき点があるのに気づけないでいることが時折あるのですが、**そんな時は棚から本や物が突然、バサッと落ちてくることがあります。**

それでハッとして、

「今、よからぬことを考えていたな」

「あ、自分にも直さなきゃいけないところがあるよね」

などと気づくのです。

「まったく、腹が立つな！」「もう、嫌だな」と頭の中でグルグル考えている時に限って、そんなことが起きるので、

『何しとるんじゃ！』

とお不動さまから叱られているようです。

時には落ちてきた物が足や頭に当たることもあり、私はこの現象を「お不動さまの愛のこぶし」と名づけています。

けれど最初から、こんなやりとりがスムーズにできていたわけではありません。初めはなんとなく、「こんなことをおっしゃっているのかな」と思いながら受け取っていました。でも、時間を経るごとにどんどん関係が深くなり、今では言葉の細かいニュアンスもわかるように思います。

また、**お不動さまがご自分の存在を音で知らせてくださることもあります。**

先日、仕事の打ち合わせでわが家に来客がありました。ちょうどお客さまに、ご神仏が存在するかどうかについて話をしていた時のことです。

突然、部屋の隅で「ガタッ！」と大きな音がしました。

お客さまも私も驚いて音のした方向を見ましたが、そこにはタンスが置いてあるだけです。

その周囲にもタンスの中にも、音が出そうなものは何もありません。念のため、あとでもう一度調べてみましたが、変わった様子はありませんでした。

たぶんお不動さまは、『ここにいる！』と教えたのだと思います。そのくらい、ご神仏の働きには具体性があるのです。

私の守り本尊がお不動さまである理由

高野山での修行が終わった後、私は自分の好きな仏さまにお参りすることにしましたが、お不動さまを選んだのは、単純にお不動さまが好きだったからです。

お参りして、私はお不動さまにこう言いました。

「マンガを描いて、仏教を広めていきたいんです」

すると、本堂の中から突然、風が吹いてきました。風などまったく吹いてはいない日でしたのに。

強い風でした。

私は、そこにお不動さまの意志や意識といったものを感じたのです。

すぐに私は、高野山のお守りなどを販売（授与）しているところで、紙に描かれたお不動さまのお姿を求めました。

「お不動さま、ここに入って、一緒に帰ってくれますか」

そう言うと、風がそこにフーッと入って、「おさまってくれた」という感じがしたのです。そして、それをお連れして家に帰りました。

その後、家にお不動さまの尊像を求めて、開眼供養をし、祀らせていただいています。

ピンチを奇跡で救ってくれたお不動さま

私が未熟なこともあり、ふだんは厳しいお不動さまですが、ただむやみに厳しいだけではありません。ピンチを救ってもらったことも何度もあります。

ある時は、原稿の締め切りに遅れそうな時に、お願いして助けてもらったこともありました。

それまで、締め切りはどうにか自力で乗り切ってきたのですが、その時は必死にがんばっても間に合わなかったのです。それで、

「お不動さま、どうしても締め切りに間に合いません。助けてください！」

とお願いしました。

すると翌日、印刷所のメインコンピュータが故障するという事態が起こりました。その復旧に時間がかかるため、締め切りが1日延びることになったのです。

でも、おかげで私自身の原稿も間に合い、発行日は当初の予定と変わらずに出版でき、ホッとしたのでした。

また、お不動さまがねぎらってくれることもあります。ある日、

『お前は自覚してないかもしれんが、ふだんからがんばっているのだから、少しは、自分を認めてもいいんちゃうか？』

と言葉をかけてもらい、ありがたく思いました。

私が感じるお不動さまの言葉は、なぜか関西弁です。ご縁のあった関西のお寺のお不動さまに来ていただいているからかもしれません。

このように**私たちのすべてを見ていて、現実的に助けてくれるのがご神仏の導き**なのです。

もうひとつだけ、新婚時代のわが家に起きた小さな「奇跡」をご紹介しましょう。

私は得度（僧籍を取得すること）の2年前に学生結婚をしましたが、新婚当時のわが家は経済的に大変苦しい時期もありました。

本当に、にっちもさっちもいかなくなった時、家で神さま仏さまに「生活費が足りません。何とかしてください！」と祈ったのです。

すると、その直後のことです。夫の仕事関係の人が、「新たに仕事を依頼したい」と前金をもって、遠方より突然アパートの前まで来てくれたのです。

あの時は、**ご神仏は本当に願いを聞いてくれるのだ**とびっくりしました。

そんなことが当時からポツポツと起き、私はご神仏の存在をどんどん近くに感じるようになっていったのです。

正しいか間違いなのかは、ご神仏が教えてくれる

ご神仏は、私たちがやっていることが正しいのかどうかも出来事を通して教えてくれます。

たとえば、私が自分の希望を優先して、家族に迷惑をかけてまで出かけようとする

と必ず、交通機関が止まっていたり、出がけにアクシデントが起きたりするのです。

そんな時は、「あ、まずい！」と気づいて外出を取りやめます。

そこで我《が》を通して出かけても、途中で嫌なことがあったり、その後の交通機関でもトラブルがあったりするとわかっているからです。

逆に、私が行くべきところに出かける時は、乗り継ぎはすべてスムーズで、座席も空《あ》いていて、気持ちよくすんなりと目的地に到着します。そういう時は、「お不動さまからゴーサインが出ているな」とうれしくなります。

こんな出来事が起きるのは、私が尼僧で、日頃からお祈りをしているからではありません。

先ほどもお話ししたように、**私たちは誰もがご神仏と心の中からつながっています。**

あなたのそばには必ず、あなたを守るご神仏がいます。

お不動さまだけでなく、たとえば、阿弥陀《あみだ》さまや観音《かんのん》さまやお地蔵《じぞう》さま、あるいは大黒《だいこく》さまや弁天《べんてん》さまなど、あらゆるご神仏があなたの周りにはいらっしゃるのです。

そして、私たちが望めば、どんなご神仏ともっと深くつながれるのです。

見えない世界の導きを確信させたもの

そうはいっても、神さまや仏さまは、実際には見えませんね。

ですから、あなたは今、もしかすると、「ご神仏を信じたいけれど、見たわけではないし、本当にいるかどうかは確信できないなあ」と思っているかもしれません。

確かに、自分では見えないものを信じるのは難しいでしょう。

でもご神仏は、遠くにいる存在でも、いるかどうかあいまいな存在でもありません。

私たちはふだん、「目に見える世界」だけを自分の世界だと思っています。

しかし、「見えない世界」は確実にあり、現実の世界と密接につながっているのです。

私がこのことを強く感じたのは、10代の終わり頃に、友人の母親が亡くなった後、その母親が私の夢枕に立ったことがきっかけでした。


夢の中に現れたその母親は、娘である友人への小言《こごと》や、私の知らない友人の失敗に対するグチを私に話し始めました。

『あの子はだらしなくて、片づけもちゃんとできない』『頼りなくて、本当に困ったものだ』と小言は延々と続きました。

でも最後に、『そんな娘ですが、いつまでも友達でいてくださいね。あの子をよろしく頼みますね』と、涙を流しながら頭を下げたのです。

それまでも私は、幼い頃から神さまや精霊、亡くなった方など、この世の者ではない存在を感じることがあったので、この出来事を特に不思議だとは思いませんでした。

ただ、亡くなってからも人の悩みは消えるどころか尽きないものなのかと、とてもせつない気持ちになりました。

後日、用事があって友人宅を訪ねると、確かに、以前はいつもきれいだった家が散らかり放題になっていました。するとまた、あの母親の声が心に聞こえてきました。

『掃除は私が全部やっていて、この子にはやり方を教えなかったの。だから、仕方がないのだけど、こんなに汚くしていてごめんなさいね』

この出来事があってから、「人間はなぜ、悩みの多い人生を生きて、死ななければならないのだろう。そして死が解決にはならないなんて。私たちは何のために生きているのだろう」と考えるようになったのです。

これが、見えない世界や仏教に深く興味をもつ大きなきっかけとなりました。

「偶然」の流れに乗って仏教の道へ

実は、高校生の頃、私は天文学者になりたいと思っていました。

宇宙に憧れ、その神秘をもっとよく知りたいと考えたからです。

でも当時、天文学を学べる学部は全国に3校しかなく、その中で京都にある大学を受験することにしました。

私は、以前よりお参りをしていた荒神《こうじん》さまに、その学部に絶対合格したいとお願いしました（ぜひ合格したかったので、その他のご神仏にもお参りに行きましたが）。

試験前日に宿泊した京都市内のホテルでのことです。

何気なく開けた部屋の引き出しに入っていたのが、『仏教聖典』（仏教伝導協会）でした。『仏教聖典』とは、初心者向けにさまざまな仏教の言葉をまとめたものです。

私はその『仏教聖典』をめくりながら、「面白い！」と思いました。そして、友人の母を見て生まれた疑問の答えは仏教の中にあるのでは、と感じたのです。

この時が、見えない力により本来進むべき道を示された人生のターニングポイントだったと思います。

結局、第一志望には受からず、東京理科大の理学部に進みましたが、入学後に夢中になったのは、天文学ではなく仏教でした。

図書館で手当たり次第に仏典を読みあさり、「私が探していたものは、やっぱり仏教の中にある！」と確信したのです。

もともと私が天文学を志したのは、宇宙について知りたいと考えたからです。

でも仏教に出会って、私の探していた宇宙は仏教の教えの中にあること、そして、人の心は奥深い宇宙とつながっていることに気づいたのでした。

その後、導かれるように真言宗とのご縁ができ、高野山で修行を修めました。

もしあの時、夢に友人の母が出てこなければ、また、その後ホテルで引き出しを開けなければ、今の私はありません。

このことを思うたび、「見えない世界」の導きをありがたく感じ、深い感謝が湧いてくるのです。

夫を変えた三宝荒神さまの力

ところで結婚当初、私の夫はご神仏をまったく信じていませんでした。

私の修行には寛大でしたが、自分自身は超理系人間で、ご神仏に手を合わせることは一切ありませんでした。

ところが、ある出来事を機にガラッと変わり、信心深い人間になったのです。

それは、私が高野山での最初の入門的な軽い修行を終えた時のことでした。

修行期間は、2週間。専門道場でみっちり真言密教の基礎を勉強します。

夫は、修行自体は許したものの、「怪しいところなのではないか」と心配していたのでしょう。わざわざ高野山まで迎えに来てくれました。

しかし私は、修行を終えたばかりなのに、さらに修行を続けたいと夫に伝えたのです。これには、さすがの夫もあきれたようです。

久しぶりに会ったというのに、「僕は神仏なんて信じないぞ！　何が尼僧だ！　修行がなんだ！」と怒り始めてしまいました。

『人の性格を変えるのは神仏の仕事』と聞こえてきた！

それでも私は、腹を立てている夫と高野山の奥にある立里荒神社《たてりこうじんじゃ》にお参りに行きました。修行の大小にかかわらず、小さくとも修行を終えた者は必ずこの神社に参拝し、無事修行を終えたことを報告するしきたりがあったからです。

立里荒神社の鳥居から本殿までは、急な山道の長い参道の坂が続きます。

怒っていた夫は、さっさと自分だけ参拝すると、そのまま私を残して坂を降りていきました。私はゆっくりと、山の上にある本殿へ参拝に向かい、歩きながらため息をつきました。

「困ったな。あの性格、どうにかならないかな……」

すると突然、頭の中に声が聞こえたのです。

『性格を変えるのは、人間のすることではない。神の領域である。お前は自分のやるべきことを淡々とやっておればよい』

それは、力強くダンディな声でした。立里荒神社に祀られている三宝荒神《さんぽうこうじん》さまの声だと直感しました。

三宝荒神とは、古くから日本に存在する地主のような神さまで、「仏・法・僧」の三宝を守る守護神です。その守護神の声が、スパーンと頭の中に響いたのです。

それで、「ああ、荒神さまがそうおっしゃっているのだから、なんとかしてくださるんだ」と私は安心してお参りし、山を下りたのでした。

ご神仏の存在を認めるしかない出来事

その言葉の意味がわかったのは、帰宅後、夫婦でこのお参りの話をしていた時のことです。

夫が「コウジ……」と荒神さまの名前を言いかけると、急にゴホゴホと咳《せ》き込み始めたのです。持病だったぜんそくの大発作です。咳は止まらず、入院騒ぎにまでなりました。

最初の発作では、私も夫もそれは偶然の出来事だと思っていました。

しかしその後も、夫が荒神さまの名前を口にしようとするたびに咳き込み、同じことが起き続けました。どう考えても、荒神さまが関わっているとしか考えられません。

これには、目に見えるものしか信じないガチガチの唯物《ゆいぶつ》論者だった夫も降参です。

最後は、涙ながらに自分が悪かったと話し、手作りした神棚とお社《やしろ》で荒神さまを祀り始めたのです。この後は夫が荒神さまの名前を口にしても、不思議と咳き込むことがなくなったのでした。

夫は今、荒神さまはもとより、ご神仏も高野山も大好き人間に変わりました。

ご神仏は、これだけ具体的な出来事を起こして、私たちに働きかけてくれます。

「あの出来事が僕の人生の転機になった」と夫は当時を振り返り、「自分の体験が少しでも役に立てば」と、このエピソードを紹介することを快諾してくれました。

ご神仏の働きは驚くほど具体的に起こる

でも、三宝荒神さまが誰にでもこんな手荒なやり方をするわけではありません。ちゃんと礼儀正しくお詣《まい》りすれば大丈夫です。

夫はとてもがんこだったので、身をもって体験しないとわからないと、きっと荒神さまが思われたのでしょう。

ご神仏が私たちを導く方法は、その人の性格や状況に合わせた「個別指導」です。

ご神仏は、どのような出来事があると私たちが自分の問題に気づけるのか、自分自身で悩みを解決できる力をもっているのかを知り尽くしていて、手取り足取り導いてくださります。

ですから、ご神仏は私たちにつきっきりで進むべき道を教えてくれる、スーパー家庭教師だと思ってください。それも、どんなに「できない子」でも見捨てず、どんなにつらい時でも見放さず、最善の指導をしてくれるスゴ腕の先生なのです。

心から信じることによって、その力は大きくなります。

三宝荒神さまによる2つの「おかげさま」

先ほどの出来事があり、しばらく経った頃のことです。

自転車に乗っていた夫が、T字路から飛び出してきた自転車とぶつかるというアクシデントがありました。

かなり激しく衝突したそうですが、頭から前に放り出された夫は、なぜかクルッと宙をまわり、ストンと上手に着地できたそうなのです。普通は大ケガをするところです。たまたま一緒に自転車で走っていた友人がその様子を目撃していて、**「誰かに守られているとしか思えなかった」**と言ったそうです。

夫は、この出来事も三宝荒神さまの力だと感謝しています。

私自身も、三宝荒神さまのおかげで漫画家デビューを果たすことができました。

当時の私は、漫画の持ち込みは続けていたものの、数年間デビューの夢がかなわずにいました。そこで、夫が作った荒神さまの神棚に向かってお願いしてみたのです。

するとふと、

『デビューできたら、一斗樽《いっとだる》のお酒をお供《そな》えするように』

という言葉がやって来ました。

これにより、「願いがかなうかも」と思いながら描き続けるうちに、漫画家の登竜門のひとつである赤塚賞を受賞し、無事デビューすることができたのです。

もちろん、一斗樽を手にして立里荒神社へお礼にうかがったのは言うまでもありません。

このように助けてくださるのは、三宝荒神さまに限ったことではありません。**「お願いします」と手を合わせれば、ご神仏は私たちを守り、願いをかなえてくれる素晴らしい力をもっているのです。**

実はご神仏とともに描いていた本

ご神仏の存在を一段と強く、また、ありがたく感じたのは、拙書『幸せを呼ぶ仏像めぐり』（二見書房）を描いていた時です。

この本は、31尊のご神仏の全身像のイラストと、その働きについて漫画でご紹介しています。

スケジュールの関係もあり、各ご神仏の冒頭の全身イラストを友人の超ベテラン劇画家、山本貴嗣氏に手伝ってもらうことになりました。その全身イラストは、仏さまがたの身体や背景を山本氏にお願いし、私はもち物や印《いん》の考証と仏さまのお顔を描いていくという制作形態で、山本氏とはネットでファイルのやり取りをし、スカイプなどで相談しながら作業を進めていました。

その中で、私が顔を描きやすいようにと、山本氏がある仏さまの体を縮め、その分だけ顔を大きくすることにしたのです。

山本氏が作業を終えて、私にファイルを送ってくれたはずなのですが、いっこうに届きません。確認してもらうと、なぜかファイルごと消えているとのこと。

山本氏は、「間違って消しちゃったのかな」と言いながらファイルを作り直し、再送してくれたのですが、またもや届かず、ファイルも消えていました。同じことが二度三度と続きました。

そんなある日、神棚の掃除をしようとした時のことです。

お供えの御神酒《おみき》が入ったとっくりをもち上げようとしたところ、突然、パン！　と真っ二つに割れてしまったのです。

刃物で断ち切ったように縦半分に割れたとっくりを見て、アッと気づきました。

あわてて山本氏に連絡し、仏さまの体を元のサイズに戻してもらったのです。

すると、何の問題もなくファイルを受信できたのでした。

私たちは後で、「仏さまが、私はそんな体ではないと教えてくれたのかもしれないね」と話したのでした。

毘沙門天さまが窓の外に現れた！

本にまつわるエピソードを、もうひとつお話ししましょう。

『幸せを呼ぶ仏像めぐり』を描く時、私はちょうど友人たちと奈良県の信貴山《しぎ》を訪れ、朝護孫子寺《ちょうごそんしじ》の毘沙門天《びしゃもん》さまにお参りしました。

そのお姿は脳裏に色濃く焼き付けられたのですが、『幸せを呼ぶ〜』の毘沙門天さまのモデルは、京都にある東寺《とうじ》の兜跋《とばつ》毘沙門天さまなのです。

なぜ、せっかくお参りした朝護孫子寺の毘沙門天さまのイメージで描かなかったのかというと、これにも不思議な話があります。


朝護孫子寺にお参りした後、私たちは京都市内のお寺を巡りました。

そして、東寺を半分お参りしたところで時間がなくなり、仁和《にんな》寺の御室会館（宿坊）に泊まりました。疲れていた私たちは、窓のカーテン代わりの障子も閉めずに眠ったようです。夜中にふと目覚めた私は、ガラス窓を見て驚きました。

外に、たくさんの仏像が並んでいたからです。

その中でも、不動明王さまのような忿怒《ふんぬ》の表情でありながら、とても端正で美しいお顔立ちの仏さまの姿が、夢うつつの中で特に深く印象に残りました。

しかし、豆球の光でうっすら明るい室内から、真っ暗なはずの屋外がこんなにはっきり見えるのも変な話です。部屋の壁に仏像のレリーフが飾られていて、それが窓に映っているのかもしれないと思い、部屋をぐるりと見回しましたが、それらしいものは何もありません。

それなら、窓の外は庭になっていて、たくさんの仏像がライトアップされているのだろうと思い、そのまま私は眠りにつきました。


ところが、翌朝、目覚めてすぐに窓の外に目をやると、屋外には何もありません。夢だったのかと思い、そのままその日も寺巡りを続けました。

そして、再び東寺にお参りして、私はアッと驚くことになったのです。

なぜなら、東寺に祀られている兜跋毘沙門天さまのお姿が、昨夜の窓に映っていた一番印象的なお姿とまったく同じだったからです。


話は、それだけでは終わりませんでした。

帰宅後、しばらくしてからのことです。

一緒に作業を進めていた山本氏から電話が来ました。

「今、古い海外の写真集を見ていたら、偶然開いたページに仏像が出ていたんだ。その仏像がすごく印象的だから、ちょっと見てくれない？」

そして送られてきたファクスを見たところ、それは東寺の兜跋毘沙門天さまの写真だったのです。山本氏にいきさつを話し、兜跋毘沙門天さまのイメージで描かせていただこうということになりました。

こんな話を知ると、ご神仏の存在が少し身近に思えてきませんか？

まずは、「ふーん、そんなこともあるのか」と思っていただければ十分です。

修行を通して知った「聖なるもの」の存在

不思議な話が続いたので、驚いたかもしれません。でも、ご神仏の働きについてぜひ知っていただきたいので、もう少しおつきあいください。

時間をさかのぼって、修行時代に話を戻します。

前にお話しした入門の２週間の修行を終えた後、私は20年間のブランクを経て、再び高野山へ修行に向かいました。

先ほど書いたように、本当はすぐにでも修行したいという気持ちでいっぱいでした。高野山真言宗の僧が必ず受けなければいけない百日《ひゃくにち》の加行《けぎょう》という修行があるのですが、その修行をするには、家を約１００日は空けなければなりません。最初の修行を終えた後に娘も生まれたので、もう一度修行に行くのはとうてい無理な話でした。

その間、ご縁をいただいたお寺を役僧《やくそう》（寺の職務をおこなう僧）として手伝いながら、自宅に手作りの密壇（密教の祭壇）を作り、阿字観《あじかん》の軸を本尊として祈り続けました。

そして20年後、朗報がやって来ました。

私を百日の加行のために受け入れてくださる道場がなかなか見つからずにいたわけですが、高野山大学の聴講生として、学生に混じって加行を受けられる可能性が出てきたのです。

しかし、１００日とはいえ、家族に迷惑をかけるわけにはいきません。あきらめかけていたところ、背中を押してくれたのは娘でした。

私が修行に行きたがっていることを知った娘が、こう言ったのです。

「修行に行きたいんでしょう？　行っておいでよ。パパの面倒は私が見るから！」

その言葉に後押しされて、私は50日間ずつ2回に分けて修行する学生加行で、再び修行に入ることができたのです。

心身の極限状態では不思議なことが起こる

ところが、はやる気持ちを抑えて向かった修行は、想像を絶する厳しさでした。

11人いた修行者のうち、最初の50日を無事修了できたのは5人。

完全に俗世とのつながりを断った空間で、休みは一日もなく、学ぶべきこと、覚えるべきこと、やるべきことを分刻みでこなさなければならない修行だったのです。

私以外は、ほとんど高野山大学の学生で20代です。当時40代だった私とは知識も体力も違います。

50日間ずつ2回、合計100日間の修行を終えてようやく山を下りる時には、体重が20キロ減っていて、腰ひもをズボンのベルト代わりにしなければなりませんでした。

そんなふうに追い詰められた環境では、不思議なことが次々と起こります。

しかし、真言密教の加行で起こることは決して他言してはならないことになっているため、ここでくわしく書くことはできませんが、私自身はつねに極度の緊張状態にあり、今にも死にそうでした。ですから、何が起ころうと気にする暇もありませんでしたし、すべては流れていく景色にすぎませんでした。

修行を終えた後に知ったのですが、加行は昔、「真言行者《ぎょうじゃ》の運試し」と言われていたのだとか。それほど体力的にも精神的にも厳しく、運がよくないと最後まで続けられない修行だったのだそうです。

修行中、ずっと守ってくれたご神仏の存在

そのうえ、劣等生だった私は、作法やお経の修得に人一倍時間がかかりました。能力を限界まで使い切ると、もう自分の力では何もできません。次の瞬間は息をしているかわからないと思うほどの極限状態に追い詰められます。

日々、自分の中にあるのは絶望感だけ。それでも、次にやるべきことをやらなければならない……。自分が何ひとつできないことに、私は打ちのめされました。

そうすると、もうご神仏にゆだねるしかありません。

行法《ぎょうほう》といって、定められた手順にしたがって仏さまの前でお祈りするたびに、自分が倒れず座っていられるだけで奇跡であり、ありがたくて仕方がありませんでした。決して自分ひとりで存在しているのではなく、修行に送り出してくれた家族、応援してくれている友人知人、お世話になっている先輩僧侶や修行道場の先生、何より目に見えない存在に支えられている。そう思うと、ただ涙があふれてきました。

そして、**自分は小さな〝我《われ》〟という器ではなく、あらゆるものとつながって存在できているのだ**と実感できたのでした。

修行も終わりに近づいたある日のことです。

修行道場から見える見事な夕焼けに、ふと手をかざしてみました。

すると、護摩《ごま》修行で連日火を焚《た》いているにもかかわらず、手のやけどがまったくないことに気づいたのです。

護摩では、炎の近くに座り、護摩木と呼ばれる木片をどんどん火にくべなければなりません。

普通の人でもやけどをすることがあるうえ、私は人一倍そそっかしく、ふだんからやけどや生傷が絶えません。それなのに、手のうぶ毛さえ一切ちぢれていないとは……。

修行の間中、仏さまに守られていたのだと気づき、ただありがたく、涙とともにご神仏に向かって手を合わせたのでした。

高野山での経験をお話しすると、「私にはそんな厳しい修行は無理！　すごいですね」とおっしゃる方がいます。

でも決して、修行自体が「すごい」ことではないのです。

私はつくづく思います。本当に厳しい修行は、山を下りてからだと。

高野山の修行道場は、俗世界との関係を一切断った世界です。ですから、よけいなものに惑わされず修行に専念できます。厳しい環境の中で、ご神仏や自分自身と徹底的に向き合うからこそ得られるものも多いのですが、修行だけに集中できるので、ある意味「ラク」な部分もあるのです。

しかし、日常生活はそういきません。

仕事や人間関係、将来やお金、健康など、さまざまな問題がつねに起こります。

そんな日常に戻って祈り続けて初めて、私は僧侶の修行と一般の方たちの生活はほぼ変わらないのに気づいたのでした。

私たち僧侶には、一般の方とご神仏との橋渡し役という大事な役目があります。

しかしその点が違うだけで、修行としては社会生活の中で自分を磨くほうがずっと厳しいかもしれません。

ご神仏の本当のご利益とは何？

ご神仏にお参りしたり祈りを捧げたりすると、いろいろな人とのご縁がつながったり、願いがかなったり、ピンチを救ってもらったり、健康になったりと、神さま仏さまの「ご利益《りやく》」はたくさんあります。

でも、まずあなたに知ってもらいたい、大切なご神仏の力があるのです。

それは何かというと、ご神仏は、あなたが本当は何をしたいのか、どうやって生きていきたいのかをわからせてくれるということです。「自分自身の人生」を歩めるようにしてくれることなのです。

「いや、自分の望みや願いくらいわかっている」「私は自分の人生を生きている」と思うかもしれませんね。

でも、自分で自分の人生を歩いているつもりでも、実際には、他人や世間のために生きているケースも少なくありません。

実は、周囲の視線を気にしたり、他人の価値観で人生を選んだり、他人との比較をベースにして生きていることも、意外に多いのです。

日常の「小さな幸せ」に気づかせてくれるご神仏の力

たとえば、あなたは「人に認められたい」「競争に勝ちたい」「親に喜んでもらいたい」「自分だけ得をしたい」といった気持ちから、人生の選択をしたり行動したりしたことはないでしょうか。

または、「周囲が自分を認めてくれない」「幸せそうなあの人に比べて、私は不幸だ」「私ばかり損をしている」と悩んだことはないでしょうか。

健全な競争意識や向上心は大切ですが、他人の意見や周囲の価値観を基準にしてしまうと、とてもつらいですね。

でも、こんなふうに考える人が少なくないのです。

というのも、私自身もずっとそうでした。小さい頃から母親に「男に負けてはいけない」と教えられ、学生時代は勉強だけでなく武道にも精を出し、母に認められたいと、つねにがんばり続けてきました。

だからよくわかるのですが、比較や競争の中で生き、人の視線を気にしている時は、自分の人生を生きていない時です。

自分が本当は何をしたいのかがわかっていないので、あるいは自分の本音にフタをしているので、周囲を気にして悩んでしまうのですね。

本来、「自分」という存在はかけがえがなく、人と比べようなどない尊いものです。

そのことがわかっていれば、他人の評価や損得から自由になれます。

そして、自分自身が心からやりたいことをやり、生きたいように生き、「自分の人生」を歩めます。

そんな人生を歩ませてくれるようにガイドしてくださるのが、神さま、仏さまなのです。


これからあなたが、好きなお寺にお参りしたり、ご神仏に祈りを捧げたりするようになると、薄紙がはがれるように心が軽くなっていき、安心感が生まれるでしょう。

そして、「人生はこういうもの」「こう生きなければならない」といった古い思い込みがはがれていくでしょう。

なぜ、私がそう言えるのかといえば、お寺にお参りしていらっしゃる方たち、毎日の中でご神仏に祈っている方たちがどんどん変わっていくのを目のあたりにしてきたからです。


私自身も修行を終え、家に戻ってご神仏に祈り続けるうちに、少しずつ昔の思い込みがはずれていくのがわかりました。

そして、自分の心を素直に見つめられるようになり、自分自身を大切にすることや、人と和《わ》して生きることを学んでいったのです。

そのうち、**神さまや仏さまにおまかせして自分のやるべきことをやっていれば、人間が生きていくうえで心配することは何もない**とわかってきたのです。

といっても、まだアタフタすることもあれば、「どうすればいいのだろう」と悩むこともあります。それでも心は、**「何があっても大丈夫」**という大きな安心感に包まれているようになりました。

一番の変化は、毎日の暮らしの中に小さな喜びを感じられるようになったことです。

「今日の空は、なんてきれいなんだろう」「風が気持ちいい」「ごはんがおいしい」と、日々の中にはたくさんの幸せがあります。その幸せをていねいに感じる毎日も、ご神仏からいただいている大きな「ご利益」のひとつなのです。

「おかげさま」に気づくと、いいことがどんどん増えていく

ここまで、私自身に起きた出来事を中心にお話ししてきました。でも、すべての方に、それぞれご縁のあるご神仏がいます。

ご縁のあるご神仏とは、ご先祖や親族が信仰していた神さまや仏さまであったり、旅先でたまたま祈ったり、お参りしたご神仏がそうなることもあります。**とにかく、特に理由はなくても、自分が親しみを感じるご神仏には確実に縁がある**といえるでしょう。

またその時々によって、ぴったりのご神仏が現れ、最高のタイミングで手助けをしてくださいます。

もちろん今でも、ご神仏があなたを守り、導いています。

でも、ふだんの私たちは、「あれ？」と不思議に思うことや「運がいい」とうれしくなるようなことが起きても、「気のせい」や「偶然」で片づけてしまいますね。

それを「偶然」「たまたま」で片づけてしまうのは、本当にもったいないのです。起こることにはすべて意味があるととらえ、いつもより小さなことを意識してみると、ふだんは気づかないちょっとした偶然や幸運をつかまえられるようになるでしょう。

そんな時は、**神さま仏さまの「おかげさま」かもしれない、と感謝しましょう。**

「わあ、観音さまのおかげだ」

「お不動さまが守ってくださった」

と自分の好きなご神仏を思い浮かべてもいいし、

「神さま仏さま、ありがとうございます」

と心の中で唱えてもいいと思います。

折に触れてご神仏の存在を実感すると、神さま仏さまの世界と自分の世界がさらにリンクし始めます。そしてもっといいことが増え、「おかげさま」が雪だるま式にどんどん増えていきます。

「でも、以前、一生懸命祈ったことがあったけれど、私の願いはかなわなかった!」

そう思う人もいるかもしれません。

それでもご神仏は、あなたにとって「最高」の道を用意してくださいます。

なぜなら、あなたのことを誰よりも一番よく知っているのが、神さま仏さまだからです。

ですから、**たとえ一時的には望まぬ結果となったとしても、最終的には、あなたが最も成長でき、幸せになれる道へと進ませてくれるのです。**

幸せのおすそ分けで、ご神仏の後押しがさらに増える

これからは、ぜひ「幸せの増幅器」を目指してください。

お話ししてきたように、神仏とのつながりが強くなると、小さな「おかげさま」がたくさん集まり、大きな「おかげさま」になっていきます。

その幸せを自分だけで終わらせるのではなく、周囲の人におすそ分けしてほしいのです。

すると、分かち合った幸せがどんどん増えて、周りの人を巻き込んで全員でよくなっていけます。そうすれば、自分が幸せになるだけでなく、人にも幸せを与えられる生き方ができるようになります。

周りにおすそ分けできるくらいの幸せを集める秘訣は、まず「小さなおかげさま」「小さな幸運」を精いっぱい喜ぶことです。

ふだん、私たちはどうしても嫌なことや不満に意識が向かってしまいますね。

ですから、毎朝、

「新しい一日が無事に始まって幸せ！」

と喜び、

「今日もたくさんの幸せに気づきますように」

とお願いしてください。

そうやって一日を過ごしてみると、たくさんの「おかげさま」が自分の周りにあふれていることに気づけるでしょう。

これを習慣にしていくと、毎日が楽しくなるだけでなく、実際に「おかげさま」も増えていきます。それが集まって、大きな「おかげさま」がやって来るのです。

第二章

ご神仏の力を しっかり受け取る方法

ご神仏と接する時の心がまえと作法

大好きな人と接するように神さま仏さまに呼びかけよう

神さまや仏さまは、手の届かないところにいる遠い存在ではありません。

あなたが大事に思っている人、慕っている人のような存在と思ってください。

ですから、神さま仏さまとのおつきあいは、「隣のおじちゃん」や「親戚のおばちゃん」と接するくらいの親しさで始めていいと思ってください。

たとえば、少し前の時代までは、ちょっと困り事があったら、「あのおばちゃんが助けてくれるかも」「そうだ、あのおじちゃんに相談してみよう」と、気軽に話をもっていける人がいたように思います。

ご神仏と接する時は、そんな親しい人と接する感覚でいいのです。

「えっ、失礼に当たるんじゃないの？」という声が聞こえてきそうですが、神さまや仏さまもそれを望んでいるのです。

たとえば、誰かに助けてほしい時、思わず、「お母さ〜ん」「おじいちゃ〜ん」などと大好きな家族に心の中で呼びかけることがありますね。

ご神仏にもそんなふうに、親しみをもって話しかけるように接してください。

もちろん、敬意や畏怖《いふ》（畏《おそ》れありがたく思う気持ち）の念をもって接することは大切です。また、ひたむきに祈ることも忘れてはいけません。

しかしそれ以上に、神さまや仏さまを遠い存在だと思わず、いつも身近に感じて触れ合おうという気持ちが大事なのです。

ご神仏とつながっている場所とは

あなたは、ご神仏のご加護を得るには、人間が一生懸命努力して歩み寄っていかなければならないと思っていませんか？

もしそうだとしたら、それは勘違いです。ご神仏に守られるためには、人より抜きん出ていたり、一生懸命がんばったりしなければならないわけではありません。

また、ご神仏とつながるためには、特別な修行や訓練はいりません。

私たちは全員ひとりの例外もなく、ご神仏とつながっています。なぜなら、誰もが

「心」をもっているからです。ご神仏は、その心を通して、私たちとつながっているのです。

私たちが心の中で神さまや仏さまを思えば、そこにその思ったご神仏が現れます。

願いをかなえたい時や困った時、心の中で「神さま！　仏さま！」と思いを向けるだけで、その思いに呼応して迅速にやって来てくださいます。そして、肩を抱くように寄り添い、ずっと守ってくれます。

逆に、**どんなに神さまたちが手助けしたくても、私たち自身が心を通して縁を結ばなければ、なかなかその力を借りることはできないのです。**

たとえば、お寺で僧侶にご祈祷してもらっているとすれば、僧侶は、願主（ご祈祷を受けている人）の願いが物理的にかなうようにと祈っているだけではないと思います。

私自身でいえば、無（空っぽ）の状態になり、ご神仏が願主の心に降り立つのを手伝っているのです。ご神仏に対して、

「願主の心とつながり、願いをかなえるために助けてあげてください」

と祈ります。

たとえば、合格祈願のお願いを依頼されたとしたら、私は合格そのものを願うわけではありません。ご神仏と願主（受験生）がつながることを祈るのです。

つまり、そのご加護を得て、勉強の能率が上がったり、試験中にフッといいひらめきが湧いてきたりして、最大限に力を発揮できるように祈るのです。

時々、こんな言葉を耳にします。

「神仏に頼るのは、弱い人間のすることだ。自分自身の力で生きなければ」

「いるかいないかわからない神仏に祈るなんて、自分の責任放棄をしているのと同じだ」

でも、自分の力だけで生きられる人などいないし、強いだけで弱さのない人も存在しません。

この世の中に、自分の責任というものをすべて自分で負える人など、ひとりもいないと思います。ですから、困った時は呼びかけてみてください。

すると、『よっしゃ、わかった！』と必ず応えてくださいます。

ご縁は一度のお参りでも結ばれる

もし今、あなたが「そう言われても、そんなに神さまや仏さまを身近に感じたことはないな」と思っていても、大丈夫です。自覚の有無にかかわらず、誰もがご神仏とご縁を結び、見守られていることに変わりはありませんから。

たとえあなたがご神仏の存在を感じたことがなかったとしても、初詣や七五三、厄除け、法事などで寺社にお参りしたことはあるはずです。また、仏壇や神棚に手を合わせたり、観光で神社仏閣を訪れたりしたこともあるはずです。

たった一度お参りしただけ、手を合わせただけでも、そこに思いがこもっていれば、ご縁はしっかり結ばれます。

ある日、友人の奥さんが、「不思議な夢を見た」といって私に電話をくれました。どんな夢だったのかと聞くと、お寺でカレーライスを食べた夢だというのです。「お寺でカレーライスを食べるために、私は列に並んでいました。どうもカツカレーのようです。でも、私はカツカレーが嫌いだから、『ほしくない』って言ったんです。

すると、お地蔵さまが現れて、『好き嫌いすると怒るよ。食べなさい』と言われました。『ちゃんと食べないといけないよ。食べれば大丈夫だから』

そう言われたので、私は仕方なく食べたんです」

それを聞いて私は、

「もしかして、お地蔵さまにお参りしなかった？」

と尋ねると、彼女は、「そういえば」と言って、

「『怒るよ』って言ったお地蔵さまとよく似たお地蔵さまにお参りした気がする」

と答えたのでした。

彼女は、時間ができるたびに鎌倉に行って、観光がてらお参りをするのが好きだったそうです。鎌倉は、とりわけお地蔵さまが多いところです。お地蔵さまをご本尊としてお祀りしているお寺が多くあり、当然のように彼女もいくつものお地蔵さまにお参りしてきていたのでした。

ひと月後、今度は友人から電話がありました。奥さんの体調が急に悪くなって、入院したというのです。しかも検査の結果、奥さんの病気が白血病だとわかったという

ことでした。

奥さんの白血病は治療をすれば治るものだということでしたが、医師からは「とにかく本人の体力しだいで、危ないかもしれない」とも言われたのでした。

この奥さんが入院した病院のそばには、食事のできる店が2軒だけありました。それは、カレー屋さんとトンカツ屋さんでした。これを知って奥さんは、あの夢を思い出し、そしてわかったそうです。病はカツカレーなんだと。だから、この病を受け入れないと、治らないんだと。

これがご神仏の不思議なところで、本人にはすべて理解できるのです。

この後、奥さんは無事に病から回復され、元気にされています。

先祖や親族の信心も有効

もし、自分でお参りした経験が思い浮かばなくても、気落ちしないでください。

あなたの両親や祖父母、ご先祖さまの中には、必ず信心深い方がいたはずです。その方が過去につないだご縁が子孫も守ってくれています。

知人のAさんは、勤めていたいわゆるブラック企業を辞めたいと願っていました。しかし、これまでの例からすると、たとえ辞めたとしても、自宅まで追いかけてきて嫌がらせをされるのは必至だったので、辞める勇気がもてなかったそうです。

でも、もう我慢の限界だと、Aさんは私に電話をかけてこられました。

「とにかく逃げたいんです」というAさんに、私は「お不動さまに祈ってみて」と伝え、私自身も家のお不動さまにお祈りしました。

お不動さまは、強い気持ちをもって悪縁を切る際に強い手助けをくださるからです。

すると、その後すぐに事態は好転しました。

Aさんの状況がさまざま整い、会社を辞めて自宅を引き払い、遠方へ逃げることができたのです。

引っ越し準備のさなかに、Aさんがふと冷蔵庫の上を見たところ、お不動さまのお守りの剣があったとのことでした。以前、母親からもらっていたのをすっかり忘れていたそうですが、「この剣が守ってくれたんだ」と感激していました。

まさに母親のつないだお不動さまとのご縁のおかげもあって、Aさんは守られたのでしょう。

同じご神仏はつながっている

また、たとえばあなたが昔、お地蔵さまを祀ったお寺を訪れ、その数年後に別のお地蔵さまにお参りする機会があったとしたら、そのお地蔵さまには「初めまして」ではありません。

お地蔵さまは、あなたのことをちゃんと覚えていて『あ、あの時の……』と思い出してくださいます。

同じ「お地蔵さま」を祀っていても、A寺とB寺では別の仏像に見えるかもしれません。でも、お寺にお祀りしてある仏像はすべて、「開眼供養《かいげんくよう》」をしています。

開眼供養とは、単なる物体である仏像に仏さまを招き入れ（勧請《かんじょう》）て、その霊験《れいげん》を宿らせることです。

表面的には別のお地蔵さま（仏像）に見えても、その奥では、同じお地蔵さまの働きにつながっています。ですから一度でもどこかのご神仏にお参りしたら、その同じご神仏とのご縁がきちんと結ばれるのです。

私にはこんな経験があります。

まだ仏教に興味をもち始めたばかりの頃のこと、私は日々、観音経をあげていました。近くにあったお寺の観音さまにお参りした日に、夢を見ました。

その夢の中で私は、僧の姿をした観音さまに「お前はまだまだ修行が足りぬ」というようなことを言われたのです。その言葉に対し、私は大胆にもこう答えました。

「人皆仏性あり。仏性に優劣なし！」

それから10年くらい経ち、私は九州のあるお寺にお参りしました。そのお寺には、観音さまが祀られています。

何気なくそのお寺の掲示板を見た私は、思わずハッとしました。そこにはこう書かれた

場所や形が異なっていてもお地蔵さま（仏さま）の働きにつながっている

紙が掲示されていたのです。

「人皆仏性有りと言えども磨かずば表れず」

10年の時と場所を超えて、観音さまと問答させていただいたように感じた出来事でした。

よい祈り、よくない祈り

多くの方々がご神仏にお願いして悩みを解決し、人生を変えていかれる姿を拝見し、また自分自身もご神仏に祈り続けて、つくづく感じることがあります。

それは、「祈りには優劣がない」ということです。

たとえば、日本には昔、道端でうっかり転んだ時や嫌なことがあった時などに、「なんまんだぶ（南無阿弥陀仏《なむあみだぶつ》）、なんまんだぶ」と念仏を当たり前に唱えるというお年寄りが多くいました。

南無阿弥陀仏とは、正式には「阿弥陀さまに帰依《きえ》（心から信仰すること）します」という意味ですが、「阿弥陀さま、お願いします」と祈る言葉でもあります。

昔の人は、ちょっとしたアクシデントが起きた時、

「ひどい目にあったけど、無事でよかった。仏さま、ありがとう」

と、とっさに仏さまに祈ったわけです。

「転んだ」という事実や嫌な出来事を受け止めて、

「おかげさまで無事でした。今後も助けてください」

と自分からご神仏に働きかけている。これも、立派な「祈り」です。

こんなふうに、私たちのご先祖は暮らしの中でご神仏に祈り、助けを求めていたのです。そんな「日々の祈り」は素晴らしいと思います。

ですから、あなたが本当に「救ってもらいたい」「この願いをかなえたい」と思うのなら、どんな願いでもいいのです。

どんな小さな願いであっても、ご神仏は拾い上げ、救ってくれます。

「こんなお願いをしていいのかな」と遠慮しないで、すべてをおまかせするつもりでお祈りしてください。

絶対に願ってはいけないことがある

でも、ひとつだけ絶対にやってはいけないことがあります。

「よこしまな願い」、つまり**人を傷つけたり貶《おとし》めたりするお願いだけは絶対にいけません。**

たとえば、

「○○さんに悪いことがありますように」

「○○さんが失敗しますように」

というお願いをしてしまうと、その願いは必ず自分に返ってきて「成就《じょうじゅ》」します。

それに、そもそもこれは「祈り」ではありません。祈りとは、自分の人生をよくして、生きとし生けるものとともに幸せになるためのものです。

昔から「人を呪わば穴二つ」という言葉があるのをご存じでしょうか。

人を呪ったら、相手だけでなく自分自身にも災いが及ぶ、という意味です。その時、倍返し以上で悪いことが返ってくると思っていてください。

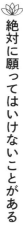

また、**よこしまな願いをかなえるのは、ご神仏ではありません。**

おそらくは魔物的な存在です。そのような存在は必ず「見返り」を求めてきます。

その見返りが、願った人自身やその人の周囲への不幸という形でやって来る場合もあると思ってください。

決して脅《おど》すわけではありませんが、そういった存在がいるということは知っておいたほうがいいでしょう。

しかし、自分や他の人の幸せを祈るのであれば、まったく問題はありません。

このことさえ心の隅に置いておけば、大丈夫。心置きなく、あなたの願いをご神仏に届けてください。

お守りから力をいただく方法

ご神仏の力は、実際の寺社へのお参りだけではなく、お守りからでもいただけます。

寺社で売られて（授与されて）いるお守りは、必ず僧や神主さんによるご祈祷を受けています。

お守りを授かるのは、お参りした後にしている、という方もいらっしゃるかと思いますが、**私はお参りの前に授かることをお勧めします。**なぜなら、**授かったお守りを手にもって、一緒にお参りすることが望ましいと思うからです。**

「このお守りでどうぞ守ってください」

とお守りを手にしてお参りして祈れば、そのお守りに神仏のご加護がさらに宿ります。

これは売られているお守りに限りません。

試験の合格を祈るなら、その試験で使用するつもりのペンや鉛筆、スポーツでの好成績を願うなら、そのスポーツ用具、楽器の上達を祈るならその楽器、といったように、お参りする寺社が許してくださるのならば、ご神仏の力を宿らせたいものを手にしてお参りしてもいいのです。

ご神仏の力はお守りを通じてでもいただけるということを痛感したのは、数年前、飼っていた猫が私の不注意でドアから外に出てしまった時です。

その時は、気づいてすぐに家族全員で一生懸命探し、迷い猫を捜索してくれるペットレスキューにも依頼しました。しかし、何日経っても、まったく手がかりはありません。

途方に暮れた私は、知り合いから荼枳尼天《だきに》さまのお守りをいただいていたのを思い出しました。

荼枳尼天さまは狐を眷属《けんぞく》（神の使い）として遣う神さまとして知られていますが、仏法を守護する女神で、人間界で現実的な作用を及ぼす強い力をもっています。

私はお守りを手に、「どうか、生きているうちにひと目会えますようお願いします！」と祈ったのです。

お守りがかなえてくれた願い

でもこの時、すでにだいぶ日にちが経っていたので、「もしかすると、もうダメかも……」という思いもよぎっていました。

その後、再び探しに出かけたところ、その日のうちに、マンションのメーターボックスの中で猫を発見することができたのです。

猫は瀕死の状態でした。でも私の姿を見て、ひと声「ニャー」と鳴いてくれました。すぐに獣医さんにつれていきましたが、そのまま息を引き取ってしまいました。

しかし、探し回っても見つからなかった猫に、生きているうちにひと目会えたのです。まさに祈った通りになりました。

猫の死はショックでしたが、生きている間にひと目でも会え、獣医さんに診《み》てもらえたことが、せめてもの救いになりました。そしてこの時、お守りを通してでも祈りは通じるのだと、改めて思ったのでした。


ご神仏の力は、このくらい身近で強力です。寺社にお参りすればダイレクトに仏さまや神さまとつながれますが、忙しい日常ではなかなか時間がとれないという時もあるでしょう。そんな時は、もしお守りがあれば、そのお守りに祈ればいいのです。

たとえ手元になくても、ご神仏はあなたの心の中にいます。「お願いします」と手を合わせるだけで、必ず変化が起こります。

悲しみを取り去ってくれた荼枳尼天さま

このお話には、後日談があります。

猫が死んで1週間後、私は荼枳尼天さまを祀る東京都内のお寺にお礼参りに行きました。

まだ愛猫を亡くしたショックと後悔から立ち直れてはいませんでしたが、とにかく最後にひと目会えたお礼をしなければと、泣きはらした目で訪れたのです。

このお寺で他の参拝客に交じってご祈祷を受け、お礼と供養の祈りを捧げました。

ご祈祷を受けている最中のことです。

ふと、荼枳尼天さまがスッとそばに来られた感覚が訪れました。そして、

『あなたの望みは？』

という意識が伝わってきたのです。

本当であれば、尼僧としてきちんと受け答えしなければならなかったのでしょう。

でも、私はとても出来の悪い尼僧です。思わず、「つらいです！　助けてください！」

と答えていました。

自分のせいで愛猫を死なせてしまった。何もできなくてつらい。どうしたらいいのだろう……。そんな正直な気持ちが出てしまったのです。

すると、次の瞬間、不思議なことが起こりました。

急に心がフワッと軽くなったのです。

それはまるで、心につけていた鉛のおもりがふいにはずされたようで、「一体何が起きたのだろう？」と驚くくらいの変化でした。

ご祈祷を終え、境内に出て目を上げた私は、「ああ、空が青い」と感動しました。それまでずっとうつむいていたので、空を見上げる余裕すらなかったのです。

心暗き時はすなはち遭う所ことごとく禍《わざわい》なり。
眼《まなこ》明らかなれば、すなはち途《みち》触れて皆宝なり。（性霊集巻八）

右の言葉は、弘法大師空海の言葉です。心が暗く閉ざされている時は、あらゆるものが禍となってしまう。しかし、心の眼をしっかりと開いて世の中をまっすぐ見ると、すべてが宝であることがわかる、といった意味です。

つらい時は、暗く心を閉ざしがちですが、そんな時こそ、ご神仏に助けていただき、心の眼が開くように祈りましょう。

この出来事の後、私は、自分がいつまでも嘆き後悔していたら、猫が天に還るのを邪魔することになると思えるようになりました。これは、荼枳尼天さまが苦しみと悲しみを取り去ってくれた「おかげさま」以外の何ものでもありません。

私たち家族にとっては悲しい出来事でしたが、一連の出来事でご神仏の力を改めて知ったのでした。

お参りのたびに生き生きとした息吹の感じられる神さま

この出来事以来、このお寺には定期的にお参りに行っていますが、私はお参りして手を合わせるたびに、その瞬間、本殿の中からスーッと清々しい風が吹いてくるのを感じます。

これはきっと、ここの神さまが生き生きとされているからではないでしょうか。

私に限らず、誰でも真摯な気持ちでお参りすれば、同じように感じられることと思います。

ご神仏とのおつきあいで一番大切なこと

ご神仏に祈ると、あなたを守り導くための出来事が起こり始めます。

でも、私たちが願ったことをご神仏がそのままかなえてくれるかというと、実はそうではありません。

ご神仏の力によって、今の私たちが人間の狭い視野で思い描いてお願いするレベルでは考えられないような予想外の展開になることもあるのです。

ご神仏に願いをかなえてもらうプロセスで大切なのは、**「起きた出来事をどのよう**

に受け取るか」です。

ここで、ご神仏が私たちを導く際の代表的なパターンと、その受け取り方についてお話ししましょう。

受け取り方の基本① 「よくないこと」にはメッセージがある

神さま仏さまにお願いしたにもかかわらず、その後、一見ネガティブに思えることが起きるケースがあります。

たとえば、欲しいと思っていた地位や立場が人のものになったり、行こうとしていたイベントに参加できなかったり、あるいは職場で理不尽な出来事が起きたり、人から嫌な言葉を言われたり……。

そんな時は、「せっかくお参りしたのになぜ？」「仏さまにお願いしたのに、何がいけなかったの？」と不安になったり、いらだったりしてしまうかもしれません。

また、他人のせい、世間のせい、環境のせいにしてしまいたくなる場合もあるでしょう。逆に、必要以上に自分を責め、自己否定や自己卑下に陥るケースもあります。

でも、それはご神仏からの大切なメッセージです。

そして、「ご神仏のはからい」です。

その出来事を通して、

「もう変化を選ぶ時ですよ」

「あなた自身のここを変えたら、願いがかないますよ」

「そろそろ、これをやったらどうですか？」


というメッセージが送られてきているのです。

時にはそれが、病気やケガ、仕事や人間関係のトラブルといった痛烈なストレートパンチになる場合もあります。そういう時は、

『ほら、早くやりなさい！』

『まだ気づかないの？』

と言われていると思って、自分自身を振り返ってみましょう。

ネガティブな出来事を開運のタネにする方法

といっても、起きている問題や不運な出来事を無視したり、否定的な感情を抑えたりしないようにしましょう。

自分の悩みや問題を「あれもこれも」と数えてしまうと、「わぁ、こんなにある!」と心に残ってしまいます。

ですから、**気になることはちょっとメモして、あとは忘れるのです。**

そうすると、ある時ふと見返すと、その出来事が起きた意味がわかったという時が必ず来ます。1週間ほどメモをとり続けるだけでも、何を嫌だと思い、どんなところでつまずくのか、という自分のパターンが見えてきます。リストアップして分析してみると、ばらけていた問題がいくつかのキーワードに集約していくのです。

そうやって、自分の書いたメモを見ていくと、**問題や不愉快な出来事をすべて改善の「タネ」にできます。**

たとえば、メモに同じ人のことばかり書いていたら、その相手との関係や距離感を調整する必要があります。

また、職場や友人との集まりなど、同じ場所で続けてトラブルが起きていたら、そここでの関係を改善したほうがいいとわかります。

お金がからむと問題が起きる、仲間はずれにされると過度に落ち込むなど、いくつかのパターンが出てきたら、さらに**「どうすればこの部分を変えられるでしょうか」**と祈ってみてください。すると、トントントーン、とまた違う出来事が起き始めます。

そこでまた、「なるほど！」と思えるような新たな学びや気づきが起きて、心のモヤモヤが掃除されてスッキリしていきます。それに合わせて状況が好転していくでしょう。

表面だけを見ると、「嫌だ」「大変だ」と感じる出来事も、実は何かに気づかせてくれるため、自分を導いてくれるために起きているのかも……。そう考えると、受け取り方が変わっていくのです。

受け取り方の基本② 予期せぬ結果が道を開く

Aをお願いしたのに、結果はBだったというパターンもよくあります。

たとえるなら、トンカツをオーダーしたのに、カレーライスが運ばれてきたというような展開です。

せっかくご神仏にお願いしたのに、

「希望とは違う部署に異動命令が出た」

「相性の悪い人とパートナーを組まされた」

「思わぬところから依頼が舞い込んだ」

など、思い描いていたこととは違う事態が起きると、「これじゃない！」と言いたくなると思います。

でも、それで終わらせたら、もったいないのです。

なぜなら、それは、『カレーライスのほうが絶対においしいから食べてごらん』とご神仏が言っている時なのですから。

ご神仏のほうであなたという存在を見極め、

『あなたは、本当はこれが好きだよね？』

『実はこれが向いているよ』

と提案してくれている時だからです。

つまり、**こんな時はご神仏の「軌道修正」がおこなわれているのです。**

でも、私たちにはご神仏の真意がわかりません。ですから、「あれ!?　お願いしたことと違うことがやって来た」と感じてしまいます。

しかし、まずはあえてその状況を受け入れてみましょう。

出てきたカレーを、ひとくち食べてみてください。すると、意外においしいはずなのです。

起きた出来事や与えられた立場をきちんと受け止め、目の前のことにしっかり取り組めば、思った以上に楽しめたり、成果が出たりするのです。

また、もうひとつのパターンとして、お祈りした後に、それまで好きだったトンカツではなく、急にラーメンが食べたくなることもあります。

つまり、欲しいと思っていたAという願いではなく、新たにBという願いが浮上してきて、**「あっ、私は本当はこっちのほうがよかったんだ」**と気づくのです。

そんな思いが湧いてきたら、「いや、一度お願いしたのだから、初心を貫き通さなければ」と思わなくてもいいのです。

「これもご神仏の軌道修正かもしれない」

と思い、自分の気持ちに素直にしたがってください。

今まで私の周囲でも、このようなパターンをたびたび見てきました。

でも、「やっぱり、これじゃなかった」という声を聞いたことは一度もありません。

最初は「えっ!? これ?」と戸惑うような状況がやって来ても、ご神仏が与えた結果を信じて進み、多くの方が幸せや成功をつかんでいます。

そんな方たちは、口をそろえてこう言います。

「初めは嫌だったけれど、やって来た流れを受け入れてみたら自分に合っていた」

「その状況に身を置いてみたら、意外に楽しかった」

「新たな環境で気づかなかった可能性が開き、次の展開につながった」

人生には、そんな展開がよく起こるのです。

知人のBさんにも似たような経験があるそうです。

Bさんは現在、大手広告代理店に勤めていますが、就職試験では大手にはまったく受からず、小さな広告代理店に入社したそうです。

希望通りにはいかなかったBさんですが、その会社で腕を磨き、十数年後に当初の希望通り、大手代理店へと転職を果たしました。

入社してみると、その会社にはBさんと同じ転職組がけっこういたそうです。

その中には、他の大手代理店から転職してきた人も何人かいました。しかし大手から来た人たちは、仕事のスキルが非常に低かったと言います。大手ゆえに自分の経験した部署のことしかわからず、新しい環境ではまったく通用しなかったそうなのです。

一方、Bさんは小規模な組織で広告の仕事をまんべんなく経験し、実力をつけていました。だから即戦力として、すぐに活躍することができたそうです。

「あの時、第一志望に落ちたからといって、くさらず仕事をして本当によかったと思います」とBさんは言います。

たとえ、その時は不満や不安があっても、このようにご神仏の「軌道修正」を受け入れると、ご神仏の応援がますます得られ、どんどん次の道が開けていくのです。

受け取り方の基本③　事態が進まない時は、まず休む

どんなに祈っても、お願いしても、事態がいっこうに動かない場合もあります。

何をやってもうまくいかない、思うように人生が進まない。そういう時はジタバタしないことです。

どんな状況であっても、それが「ベスト」だと受け止めてください。

とはいえ、事態がまったく進まず、自分の人生が停滞しているように感じたら、「とにかく、なんとかしないと」と焦ってしまうでしょう。しかし、そんな時期に「なんとかしなくちゃ！」とがんばるのは、流れに逆らって泳ぐようなものです。

がんばらずに、まずは休んでください。

温泉やファミリー銭湯に行って、ゆっくりするのもいいかもしれません。また、自分の好きなことや楽しいと思うことをやるのもいいでしょう。

とにかく、「ああ今、肩に力が入りすぎているんだな」と気づいてリラックスするのが最善の過ごし方です。

ただし、自分の気持ちは無視したり抑えたりせず、**焦りや不安、心配が出てきたら、ご神仏に「不安です。助けてください」と伝えて、受け止めてもらってください。**それはご神仏の役割のひとつですから。

すると、『そうか、そうか。じゃあ、そろそろこの道をつけてあげよう』と、新たな展開が訪れるかもしれません。

ご神仏の働きは、文字通り「人間業《わざ》」ではありません。

とても手際がいい、最高のコンサルタントをつけたようなものですから、**いったんお願いしたら、後は「おまかせ」で大丈夫です。**

初めは、「なぜ、こんな展開になるの？」と驚くような出来事が起きても、「私、本当はこうしたかったんだ」「自分にはこれが合っていたんだ」と結果的には思える人生にスパンと変えてくれます。それがご神仏のなせるわざなのです。

人間が自分の頭で「まずAをすると、結果がたぶんBになるから、次にCをして……」と考えても、すぐに行き詰まるのは目に見えています。

それよりも、肩の力を抜いて、

「神さま仏さま、お願いします」
と祈り、大船に乗ったつもりでいればいいのです。

ご神仏に上手に尋ねるには

ご神仏のはからいや軌道修正を上手に受け取る方法をさらに見ていきましょう。

嫌なことばかり続く時、望んだこととは反対の流れが起きている時は、ちょっと立ち止まって、「この出来事は何を教えているのだろう」と考えてみましょう。

一番いい方法は、お寺にお参りして、本堂に座ったり、境内を散策したりしながら、

「この出来事の意味を教えてください」

「何が原因か教えてください」

とご神仏に尋ねることです。

すると、必ずヒントや気づきがやって来ます。

もし、お参りに行く時間がなければ、自分の部屋や落ち着ける場所で、くつろぎながら考えてみてください。

しかし、そのためには、起きている出来事をいったんしっかり受け止める必要があります。「腹が立つ！」「悲しい」と感情的になったり、人や環境のせいにしたりして「受け取り拒否」をしていたら、いつまでも堂々巡りです。

ご神仏に尋ねる時は、幼い子どもに戻ったつもりで、

「わからないから、教えてください！」

と素直に聞いてみましょう。すると、父母が小さい子どもに優しい言葉で物事を教えるように、ご神仏も、あなたにわかるような出来事を起こしたり、インスピレーションをくれたりします。

「なぜ、私にこんなことが起きるのだろう」

「この人とのご縁には、どんな意味があるのだろう」

と考えているうちに、「そうか！」と腑《ふ》に落ちる日が来るのです。

お不動さまがくれた気づき

以前、こんな出来事がありました。知り合いのCさんが、私に対する厳しい批判メールを共通の知人何人もに送っていたことがあったのです。

数人の方から「こんなメールが来たけど大丈夫？」と連絡をもらってわかったことでしたが、私としては突然の出来事にただ驚きました。そして、「なぜ、こんなことが起きるのだろう」と悲しくなりました。

今思えば、Cさんには Cさんの言い分があったのです。

でも、当時の私には、そこまで考えが及びませんでした。知人が教えてくれたメールの内容は、どう考えても理不尽な言いがかりにしか思えなかったのです。

苦しくつらい気持ちの中で、怒りや悲しみが湧いてきました。そして、どうしようもなくなった私は、「Cさんなんて嫌いです！　どうすればいいでしょう」とお不動さまに祈ったのです。

本当は、もう少し理性的に祈ればよかったのだと思います。でも、その時の私は、つい感情にまかせて祈ることしかできませんでした。

すると、驚くことが起こりました。祈っている最中に、Cさんが人に優しくしたり、親切にしたりしている場面が、まるで走馬燈のように浮かんできたのです。もちろん、お不動さまが見せてくれたに違いありません。

なるほど、と私は思いました。

私にとってCさんは、「いじわるな人」「嫌な人」でした。でも、それは私が狭い視野で見ている、ほんの一面にすぎなかったのです。

そう思った後に、Cさんが私に対してしてくれた親切や、かけてくれた優しい言葉も次々に思い出しました。それで、「今回は巡り合わせが悪かっただけなんだ。Cさんを恨んだり嫌ったりするのはやめよう」と思えたのでした。

そしてその後、今回の出来事を引き起こしたのは、相手だけに問題があるのではなく、私自身にも原因があるのだと気づくことができたのです。

僧侶であれば、本来は自分自身で気づくべきところです。しかし、まだまだ修行が足りない私は、お不動さまの力を借りて、ようやく学ぶべきことを学べたのでした。

ご神仏が「ごほうび」をくれる時

ご神仏は、人の言葉や行動を通じて私たちに大切なメッセージを伝えてくれます。

ですから、**自分の家族や周囲の人、偶然ふと出会う人を、ただの「人」だと思ったら大間違いです。その後ろには必ずご神仏がおられます。**

優しい言葉をかけてくれる人、嫌みや苦言を言う人、叱ってくれる人、さりげない親切をしてくれる人……。

人からの助言や励ましはもちろん、批判や中傷、小言なども、

『気づかないといけないことがあるよ』

『軌道修正が必要だよ』

と、**ご神仏がその人に言わせている場合があるのです。**

ですから、他人から言われた言葉にムッとしたり傷ついたりしても、一度受け止め、

「なぜ私は今、この言葉を聞く必要があるのだろう」

と問い直してみましょう。

すると、「あっ！」と気づいたり、「そういえば……」と思い当たったりすることがあるはずです。たとえ、その時はわからなくても、別のタイミングで遠からず新たなサインやヒントが来るので、続けて意識してみてください。

生きていると理不尽だと思うことも起きますが、その理不尽の中をよく見ていくと、自分の問題を照らし出していることもあるのです。

外で起きることは、受け取り方次第で、私の中に問題があったということをご神仏が教えてくれているわけです。


ご神仏との縁が深くなればなるほど、この傾向が強くなります。

そうやって、**嫌な状況やトラブルも学びに変えた時、「ごほうび」や「おかげさま」がやって来ます。**

『そうだよ、よく気づいたね』とでもいうように、状況がガラリと変わります。

突然うれしいオファーが来たり、次の展開につながるようなチャンスがやって来たりするのです。

Cさんとのいきさつがあってしばらくした後、出版記念トーク会という、私にとってはありがたいお話が来ました。

ですから、**「なぜこんなことが起きるのだろう」「どうして嫌なことばかり続くの」とつらく感じる時こそ、本当はご神仏のご加護がやって来ている、と思ってください。**

アクシデントや苦境の時こそ立ち止まり、ご神仏に問いかけながら、冷静に状況を眺めてください。そうすることで、自分の枠がはずれたり、障害になっていたものが取れたりして成長できるものです。

その結果、**人生も大きく変えられる**のです。

人への批判は、自分へのアラーム

他人に対する批判や不満が生まれた時は、自分自身へのアラームが鳴っていると思ってください。

頭の中にがんこな固定観念があったり、自分で自分に枠組みを作ったりしているから、他人にもその枠組みを当てはめて、厳しくなってしまうのです。

また、「こうしなくちゃ」と思っているのにできないから、人のできていないところが目につくのです。

どんなに不快な言動や腹の立つ状況があっても、考え方ひとつで、イラッとしたり怒りを覚えたりせず、「しょうがないな」「そういうこともあるよね」と受け取ることができるはずです。

ですから、誰かに苛立《いらだ》ちや怒りを感じたら、

「あっ、今はどんなことに気づくべきなのかな」

と考えてみましょう。

では、どんなふうに考えればいいでしょうか。

たとえば、夫の無駄遣いに悩む奥さんが、「夫が趣味にお金を使ってしまい、生活

費は少ししかくれず、貯金ができない」と、いつも不満に思っていたとします。

この状況を、客観的に見てみましょう。

ご主人が遊び歩いていて、明日の食費もないのなら、それは大問題かもしれません。

しかし、奥さんが外で仕事をしなくても普通に暮らしていけるのであれば、生活が破綻しているわけではありませんね。貯金はできないにしても、ご主人が自分の稼いだお金で楽しんでいる分には誰かに迷惑をかけているわけでもありません。

また、ご主人は趣味で息抜きしているからこそ、家族のためにがんばることができているのかもしれません。その奥さんが状況を受け入れて、悩まなくなれば、不思議と夫の行動が変わっていくものです。

自分で気づけない時はご神仏に祈ってみよう

見方を変えてみましょう。

生活できなくならない程度の浪費癖であれば、もしかして、それが夫にとっての幸せかもしれません。夫のことを批判せず、まるごと受け入れてあげることです。そうすると、自分が経済的に夫に依存しきっているために不安が生じていることが実感できます。

もしかすると、この場合、自分の人生になんとなく充実感が得られない、毎日がつまらない、そんな日常が夫に対する不満にすり替わっていただけなのかもしれません。

さらに深く見ていくと、**自分の心の奥にある不満に気づかせるために、そして、もっと楽しく生きがいのある人生に変えるきっかけにするために、**「夫が浪費する」という現象が起こされていたのかもしれません。

でも、そこまで自分ひとりで思い至るのは、なかなか難しいでしょう。

ですから、不平不満がある時は、

「自分にも問題があるのかもしれない」
「自分が見落としている何かがあるのかもしれない」

そう心のどこかに留めながら、とにかくご神仏に祈るといいのです。

「夫が浪費して困っています。どうしたらいいでしょう」と祈ると、その後必ず、「本当は、自分に変えるべきところがあるな」と気づく出来事やひらめきがやってきます。

たとえば、夫が仕事で苦労しながらがんばっている場面を偶然目にしたり、「そうか。私も仕事をすればよかったんだ！」とふと思いついたりして、それまでとは違う心境になっていくのです。

ただし、「あの人が悪い」「あの人さえ変われば」と一方的に相手を責めていると、いくらご神仏に祈っても、何のメッセージも受け取れません。

ですから、「本当にあの人には困ったものだ」「〇〇さんのあの部分を直してほしい」と思う時は、**「この状況は、自分の問題を見忘れているということかも」**と思って、謙虚な気持ちでご神仏の力を借りることが大事なのです。

とはいえ、もし夫が、家族が困り果てるくらいお金を使うのであれば、話は別です。

その時は、ご神仏が見極めて、夫の浪費が止まるような出来事を起こします。

年長の親戚や上司など第三者から夫が諫《いさ》められたり、ちょっと厳しいパターンであれば、夫が病気やケガで入院することになり、物理的にお金を使えなくなったりすることもあります。

また時には、会社が倒産して強制的に浪費できなくなる場合もあり得ます。

ご神仏が起こす出来事は、私たち人間には計り知れない部分もあるので、何が起こるかはおまかせするしかありません。

しかし、**何が起きたとしても、その先にある幸せに必ずたどり着けます。**

仏さまにはグチや文句をぶつけても大丈夫

腹が立ったり悲しかったりしているさなかで、その感情を抑えて祈っても、怒りや悲しみが消えてなくなるわけではありません。それどころか、たまっていく一方です。

ですから**我慢できない時は、外に向かってその感情を吐き出してもいいのです。**

家族や友人など、信頼できる相手がいたら、「聞いてよ、こんなことがあってね」と、その出来事について話すことがあるでしょう。

こういうことは慎重に人を選ばないと、「あなたがもっとがんばらなきゃ」と逆にお説教をされたりして、かえってつらくなる場合もあります。

こんな時は、仏さまの出番です。仏さまなら、そんな心配はありません。では、神さまはどうかと言うと、神さまによっては、思いをすべてぶつけていいわけではありません。

仏さまにグチをこぼしたり、文句をぶつけたりしてはいけない、と言われることがよくあります。

でも、**「グチをこぼすしかないくらいつらいので、助けてください」**と言うのならば、大丈夫です。自分がグチをこぼしているという認識があるうえで、助けてほしいと言っているからです。

けれど、**他人に愚痴をこぼしながら境内に入ってはいけません。**特に、神さまに対しては、お参りに来て、境内にグチだけこぼして帰っていくというのはよくありません。本堂の仏さまの前まで来てから、仏さまにつらく苦しい思いを打ち明けましょう。すべてを受け止めてくれます。

たとえば、孔雀明王《くじゃくみょうおう》さまになら、どんなにグチをこぼしてもかまいません。なぜなら、**孔雀明王さまはグチなどの毒を食べて浄化してくれる仏さま**なのです。

悲しみや怒り、どうしようもない気持ちは安心して、ぶつけてください。

怒りや嫉妬、恨みが湧いてきても、「こんなことを思ってはいけない」と自分を責めたり、見て見ないふりをして無理にやり過ごしたりしなくてもいいのです。

私自身も、これまでお不動さまに心の内を包み隠さず話して、受け止めてもらってきました。**お不動さまは時に厳しく、時に優しく受け止め、導いてくださいます。**

その時に、私がひとつだけ気をつけていたことがあります。

それは、感情をぶつけるだけではなく、

「何が起きているのか教えてください」

と祈ることです。

どんなに嫌な出来事でも、意味なく起きることはありません。私たちに対して何かを教えるために起きています。ですから、その出来事が起きた意味を知るために、「冷静に事態を見られますように」と祈ってきたのです。

そうやって祈ると、自分に降りかかるトラブルや不幸には、実は大きなメッセージがあることを実感していけます。そして、嫌な出来事を通して、私たちは自分の心を掃除し、人生を変えていくのだと納得できるようになるのです。

ご神仏のメッセージを受け取りやすくする練習

でも、多くの人は、「自分なんかにご神仏のメッセージを受け取れるわけがない」「ご神仏と直接つながれるなんて信じられない」と思っているのではないでしょうか。

それでは、せっかくご神仏と交流できる「心」という窓口と感性があるのに、自分でフタをしていることになります。

ご神仏とのコミュニケーションを深めるために、日頃から神さまや仏さまに意識を向ける練習をぜひ始めてみてください。ここでは、ご神仏とつながって、そのサインやメッセージを受け取る小さな練習をご紹介しましょう。

今日からできることですから、気軽にやってみてください。

まず、自分の好きなご神仏やご縁があると感じるご神仏に次のように祈ります。

「○○の問題について、私が知るべきことを教えてください」
「○○という望みをかなえるためのヒントをください」

具体的に聞きたいことがない場合は、

「今の私に一番大切なメッセージを受け取らせてください」

と祈ってみてもいいでしょう。
そして、散歩や買い物に出かけるのです。
この時、最初からひらめきという形でメッセージを受け取るのは難しいかもしれません。ですから、質問の後にこう続けましょう。

「大事な情報があったら、目に止まったり、聞こえてきたりするようにしてください」

ご神仏とともにいる気持ちで楽しみながら、感性を解き放って散歩などしてみてください。

「クサクサしているので気分転換したいんです。気持ちの上がるものが何か見つかりますように。うれしくなるような体験ができますように」
「今の仕事がもっとうまくいくアイディアが浮かびますように」

などとお願いすれば、意外なほど早いタイミングでいいアイディアがやって来たり、沈んでいた気分が楽しくなるような出来事が起きたりもします。

朝、「今日一日、どれだけご神仏のメッセージを受け取れるか」とわくわくして、夜に振り返るのもいい訓練になります。

買い物の前に、

「私にぴったりの○○が見つかりますように」

「最高の○○と出会えますように」

とお願いするのもいいですよ。

こんなふうに、ご神仏とつながるチャンスは日常にあふれているのです。

小さなことで日頃から訓練しておけば、ご神仏からのサインが来た時に「偶然だろう」と見過ごしたりしなくなります。

ささやかなことでも、「あれでよかったんだ」「いいことを学べた」と思えるようになり、さらに大きな問題を問いかけても、イエスかノーかがはっきりわかるようになるのです。

では、実際にどんな形でご神仏の声を受け取るのでしょうか。それは、

「あなたがふだん目にしているもの」
「聞こえてくる声や音」

に注意を向けてください。

- 電車や町中、職場などで偶然聞こえてきた音や会話、人からかけられた言葉、店内で聞こえてきた音楽
- テレビや雑誌、インターネットで目にした映像や情報
- 街頭のポスターや広告にあった言葉
- 書店で気になった本や雑誌

あなたは、「何気なく見たり聞いたりした」「たまたま知った」と思っているかもしれません。でも、それらは「偶然」目に止まったり、耳に入ってきたりしたわけではないのです。

通りすがりに聞こえる印象的な会話や、ふと目にした言葉などは、まさにご神仏があなたに知ってほしかったものです。

それで、**否応なく気づくようなシチュエーションを用意し、日常にあふれているたくさんの情報の中から、わざわざあなたの心にとまるように特別に届けているものなのです。**

ご神仏のアプローチは「個別対応」です。その人の性格や考え方に合わせて、ぴったりの出来事を起こしたり、人を遣わしてくれたりします。

たとえば、言葉で優しく諭《さと》されたほうが受け入れやすい人には、その人が信頼する誰かが「もっと自分を好きになったほうがいいよ」というアドバイスをくれる場合もあります。

ショッキングなことが起きないと気づけない人には、大失恋という大きな試練が与えられ、それを「なぜだろう」と考えることにより、他人ではなくまず自分を愛そうと気づくことができたというパターンもあります。

どんなパターンであれ、外からの出来事やアプローチを受け取っていくと、それがご神仏からの教えに変わっていきます。

自分では気づいていなくても、ご神仏はすべてお見通しなので、その人の問題を見抜いて、**問題に気づけるようなサインをくれたり、変化が起こる方向へ道筋をつけてくれたりするのです。**

それが、ご神仏の言葉の届け方であり、示し方、導き方です。

ご神仏は人間を使って言葉を伝える

私自身も、町中の会話や何気ない出来事で、ハッと気づかされたことがよくありました。

以前、人間関係で悩んでいた時のことです。電車に乗っていると、こんな言葉が耳に飛び込んできました。

「自分のことばっかり考えているから、そういうことになるんでしょ！」

見ると、それはお母さんが子どもに向かって言ったものでした。

しかし、私はその言葉のおかげで、それまであまりにも自分中心で考えていたことに気づいて、問題の相手の立場に立って考えてみることができたのです。そうすると、わだかまりがスッキリして、解決の糸口が見えたのでした。

『相手の立場や事情を顧《かえり》みるように』と、ご神仏がわざわざその母親の声が聞こえるよう差配してくれたのでしょう。

また、こんなこともありました。電車の中で友人と「あの人にも困ったものね」と話していると、突然近くにいた人がよろけて、足を踏まれたのです。

こんなふうに、ご神仏は、必ずハッと気づけるようにしてくれるのです。

その「答え」がご神仏のものかどうかを見分ける秘訣

私自身の経験を振り返ってみると、ご神仏とのつながりができるまでは、そのように絶妙なタイミングで人の話が聞こえてくるということなどありませんでした。また、起きた出来事を、自分の心に引きつけて考えたりはしませんでした。

でも今は、ご神仏は本当に、私たちのことをよく見ていてくださるなと感心します。

そんなことを繰り返して、ご神仏のメッセージをつかまえていくと、**最終的には、ご神仏の前で祈っている時や日常の何気ない瞬間に、メッセージがストンと直接入ってくるようになっていきます。**

たとえば、ある時、嫌なことがあり、イライラしながら洗い物をしていたのです。

すると、ふと、

『どうだ、汚れているだろう？　これがお前の心だよ。きれいにしなさい』

とお不動さまが言っている、というひらめきがやって来ました。それで我に返り、洗い物に専念したのです。

起こる出来事に心を通して意識を向け、ご神仏に祈っていけば、どんどん気づけるようになっていきます。ふだんの意識をちょっと変えるだけでいいのです。

最初のうちは、自分自身の我《が》や迷いが「答え」として返ってきて、実践してみたのに思ったような結果が出ないと思うこともあるでしょう。

でも、そんな体験を繰り返しつつも信じていくと、だんだん、「あ、これが答えかな?」「この間の〝答え〟は自分のエゴだったな」とわかるようになり、感覚がつかめてきます。**とことん信じぬくことです。**

あなたが心から信じれば、そこに神さま仏さまは現れるのです。

ご神仏のメッセージに必ずあるものとは

ご神仏の思いを感じた時に、「ありがとう」とお礼を言うことを繰り返していくと、だんだん本当にあなたを助けるメッセージがわかるようになります。

といっても、言葉となった〝声〟として耳に聞こえてくる必要はないのです。

もし、「これだ！」とわかるようなメッセージが、最初から物理的な〝声〟として聞こえるべきだと考えていたら、それが迷いとなって、逆にご神仏以外の〝声〟を拾ってしまうかもしれません。

そのメッセージが、本当にご神仏からのものなのかどうかを知る「決定打」をお教えしましょう。

それは、**その情報に従った時、傷ついたり、苦しんだり、悲しんだりする人がいない**、ということです。

そして、**皆がよくなる方向に状況が動くかどうか**、ということです。

「あいつを傷つけろ」「陥《おとしい》れろ」などという危ないことを、ご神仏は絶対に言いません。人を蹴落として自分がひとり勝ちしたり、他人の犠牲の上に立って自分だけが幸せになるような選択を、ご神仏は絶対にさせません。そのメッセージに従うべきかどうかに迷った時には、このことを思い出してください。

私はお不動さまに叱られることが多いのですが、本当に人生の家庭教師として、いつでもどこでも指導してくれます。関係を深めていくと、『これはいいよ』『それは違う』というご神仏からのメッセージがわかってきます。

ご神仏にイエスとノーを尋ねる方法

AとBのどちらを選べばいいか迷った時、ご神仏に直接質問することもできます。

困った時、信頼できる相談相手に、「この件について、どうすればいいと思いますか」と尋ねますよね。それと同じように尋ねてみましょう、ご神仏も必ず答えてくれます。

たとえば、イベントや会合に参加するかどうか、依頼を受けるべきかどうか、何かの誘いをどうするか、**かなり悩んだ末に決めかねた時には、「どちらがいいと思いますか?」と、ご神仏にイエスかノーかを聞いてみましょう。**

その方法にはいくつかあります。

①寺社に行き、本堂や神殿の前でご本尊やご神体にお参りし、聞いてみる。

本堂に入れるなら、本堂の中でしばらく座り、仏像や神さまに手を合わせるとなおよい。

②真言を唱えて、心にご神仏を思い浮かべながら聞いてみる。
写真や絵ハガキを見ながらでもいい。


いずれも、深呼吸して心を落ち着かせてから尋ねてみてください。

どんなにイライラしていたり悲しかったりしても、できる範囲でいいので、一度心を静かにして、質問することが大切です。

②の方法で尋ねる場合は、自分が大好きな寺社を訪れたり、ポスターや写真で見たことがあって、自分が親近感を感じているご神仏を思い浮かべるといいでしょう。
絵ハガキを飾ったり、写真を手帳にはさんだり、画像を待ち受けにしたりすると、ご神仏を思い浮かべる時にイメージが深まり、つながりやすくなります。

写真や絵ハガキからでもご神仏とつながれるなんて、ちょっと信じられませんか？

でも、**その写真や絵ハガキは「入口」です。その向こう側、つまり、あなたの心とつながってご神仏はおられます。**

あなたが一度訪れたことのある寺社でご縁を感じたご神仏の画像であれば、すでにパイプがつながっているので、特に強い関係が結べるはずです。

やがては、**「私を守ってくださる神さま、仏さま」**と心から信じて呼びかけるだけでも、必ずやって来てくださいます。

慣れてくると、「今、神（仏）さまが絶対これをやりなさいと言っているな」とわかるようになります。また、**ご神仏が後ろから『今だよ！』と完全に後押ししてくれているな**、ということも感じ取れるようになります。

ただ、とても大事なことですが、ご神仏にお願いするだけではなく、ふだんの生活の中で、美味しいものは自分がいただく前にご神仏に供えるなど、いつもご神仏を大事にさせていただくことを決して忘れないでください。そうしてご神仏との信頼関係を築いていきましょう。

ご神仏から受け取りやすくなる時とは

ご神仏は、あなたがどこにいて何をしていても、いつも一緒にいてくれます。

たとえば、普段の生活で電車やバスに乗っている時、病院や銀行で順番を待っている時など、なんとなく無駄に感じる時間がありますね。

でも本当は、無駄な時間というものは1秒もないのです。その間にも、ご神仏から受け取っているものがたくさんあるのですから。

それに気づかず、心の中で世の中や他人に文句を言ったり、自分にダメ出ししたりしてしまうのが、人間なのですね。

しかし、「この時間にもご神仏が守っていてくれる」と思えると、自分の時間が24時間、すべて豊かでありがたく、学びの多いものになります。

といっても、ご神仏の力を受け取ろうと、いつも身構えている必要はありません。

自宅で休んでいる時などは、かえって、**ボーッとしていたほうがいい**のです。**いつも頭でごちゃごちゃ考え事をしているから、仏さまや神さまがあなたに一生懸命、サインや情報を送っていても、気づかずに流してしまうわけです。**

ですから、何も考えず、フワッとリラックスしている状態、つまり、ボンヤリしている状態がいいのです。

すると、その時間にご神仏がいろいろなものをインプットしてくれます。

「次は、ああしなきゃ」「あの人はまったく！」「なぜ私はいつもこうなの」などと考えないでリラックスしていると、「我《が》」がない状態でいられます。**そのすき間に、ご神仏のご加護がスッと入れる**というわけです。

そして、必要な時に必要な情報がパッとやって来たり、絶好のタイミングでいいアイディアが湧いたりするのです。

ご存じかもしれませんが、人間の意識は顕在意識（私たちがふだん感知できる意識）と潜在意識に分かれるとされています。

顕在意識は、人の意識のほんの一部にすぎません。意識の大部分を占めているのは潜在意識です。その潜在意識は、ご神仏とつながっています。

その潜在意識が最も働くのが、リラックスしている時なのです。

ですから、ご神仏から助けてもらいたいと思ったら、あれこれと忙しく頭を動かし、顕在意識を働かせないことです。

ご神仏を信頼して、ゆったりと過ごすのが一番いいのです。

第三章

ご神仏に愛される人、叱られる人

驚くほど幸運な人生に変える法則

ご神仏に好かれる人、叱られる人の特徴

前に、神さまや仏さまはどんな人でも見捨てずに手を差し伸べる、とお話ししました。

そんな私たち人間には、２種類の人がいます。

「ご神仏に好かれ、可愛がられる人」と「ご神仏に叱られる人」です。

叱られるといっても、バチが当たったり、不幸な出来事が起こったりするわけではないので心配しないでくださいね。

ご神仏に好かれる人、叱られる人の特徴をまとめてみましょう。

ご神仏に好かれる人の特徴

- 人の喜びや悲しみに共感できる人

●思いやりや優しさにあふれた人
●自分自身を好きで、大切にできる人
●感謝して今を楽しめる人

ご神仏に叱られる人の特徴

●自己中心的な人
●他人を批判したり、嫉妬したりする人
●自分が嫌いな人
●傲慢な人

このリストを見て、「あっ、自分はご神仏に叱られる人かも！」と焦らなくても大丈夫ですよ。

神さまや仏さまは、完璧な人を求めているわけではありません。

それに、**どれほど困った人でも、ご神仏が見放すことはないので安心してください。**

ただ、ご神仏に叱られるような人は、何より不器用で人生もなかなかうまくいかないタイプの人です。ですから、**もっと幸せに生きられるように、『ほら、そこを直したほうが幸せになれるよ』と、神さまや仏さまが愛しているからこそ叱って教えてくれる**というわけです。

でも、だからといって慢心していいわけではありません。神さま仏さまから叱られないよう、日々努力していきましょう。

では、「反面教師」として、ご神仏に叱られる人の特徴を見ていきましょう。

ご神仏がまず叱るのは、自己中心的な人です。

もちろん、「自分中心」で生きることが悪いわけではありません。

人は誰でも、自分を中心にして生きていきます。ですから、**自分の意志や希望を大事にして生きる人や、願いをかなえようと努力する人をご神仏は応援してくれます。**

ご神仏に叱られるのは、「自分さえよければいい」と考える人です。

他人を蹴落としてでも勝とうとする人、周囲の迷惑を顧みず我《が》を通す人、食べ物が二つあっても誰かと分かち合わず、すべてひとり占めして自分のものにする人。

つまり、思いやりや優しさがなく、平気で他人を傷つける「自己中」な人……。

こんな人は「すべての人が幸せになる」というご神仏の思いからははずれているので、当然叱られます。

また、**他人や世の中を批判してばかりいる人も、ご神仏からは好かれません。**

「悪口を言いたくなるほど嫌いな人がいて、心の整理ができずに困っています。**助けてください**」とお参りするのはいいのですが、一方的に他人の批判をするだけの姿勢がいけないのです。

仏さまが好きなのは、**正義より「思いやり」**です。自分の正しさばかり振りかざすと、人を傷つけてしまうことがあるものです。ご神仏はそこに気づいてほしいと思っています。

自分と誰かを比較して嫉妬する人も、要注意です。

「あの人は恵まれているなあ」と人の境遇をうらやましく思ったり、嫉妬を感じたりするのは、自分自身の価値に気づけず、自分の歩くべき道を歩いていないということです。

もし、目の前のことに一生懸命取り組んでいたら、他人の人生を気にして嫉妬や羨望を感じる暇はありません。

逆に、**人の幸運を自分のことのように喜べる人が、ご神仏は大好きです。**

人の幸せを一緒になって喜ぶと、お互いのエネルギーが共鳴し、喜びが何倍にも大きくなります。そうやってこの世に喜びが増えていくことを、ご神仏は歓迎しているのです。

ご神仏は、私たちが自分の可能性を十分に生ききって、人生をまっとうすることを願っています。

ですから、**人間がそこからはずれそうな時には、『気づきなさい』というメッセージやヒントをくれるのです。**

その働きかけを素直に受け取り、よりよく変わろうとすれば、ご神仏はいつでも手厚くフォローしてくれます。

「自分が嫌い」をご神仏は変えてくれる

「自分が嫌いな人」も、ご神仏に叱られます。

なぜかというと、「自分なんて嫌い」「私ってダメだ」と自己嫌悪や自己否定している人は、他人のことも同じように捉えるからです。自分を嫌いという姿勢は、人を嫌いと言っていることと同じと見なされます。自分自身に厳しすぎて、自分を許せないから、人も許せず、嫌いになります。そうした態度では、神さま仏さまにダメ出しをされるのも当然ですね。

ただし、

「私は自分が嫌いで苦しいです。どうすればいいでしょう」
「自分をどうしても好きになれずにつらいのです」
「自分を責めてしまいます」

と祈るのはありです。

でも、自分だけの努力で自分自身を好きになろうとしても、なかなかできるものではありません。頭で、「自分を好きにならなきゃ」とか「自分の価値を認めよう」というくら考えても、長年染《し》みついた「自分が嫌い」という意識をガラッと変えるのは難しいのです。

そんな場合は、ご神仏にすべてまかせてしまいましょう。

ご神仏のすごさを感じるのは、その難しい作業をいとも簡単にやってのけることです。

友人のDさんは、生い立ちの中でいろいろな苦労があり、「自分が好きになれない。自分という存在を許すことができない」と言い続けていました。

ところが、**ご縁のあった観音さまに祈るようになってから、だんだん自分を許せるようになった**と言います。

さまざまな人との出会いがあって、これまで過去にとらわれすぎていたことに気づき、同時に、自分自身の可能性に気づくことができたのだそうです。

Dさんを見ていると、ご神仏は本当に、うまい具合に人の思い込みをはずすことができるのだと感心します。

なぜ悩みが深い人ほどご神仏に愛されるのか

自分を好きになろうと努力しても、今までなかなかできなかったとしても、心配は不要です。悩みが多い人でも、劣等生でも、ご神仏は愛してくれます。

さらに言えば、**悩みが多く、「自分はダメだ」と思っている人ほど、心から助けを求めてくれればご神仏は応援しやすいのです。**

なぜなら、いつも前向きで挫折や失敗を知らず、自分の能力だけで人生を切り拓《ひら》けると思っている人は、どうしても、「がんばれば、なんとかなる」「私が自分でやる」と思ってしまうからです。すると、自分の力だけでどうにかしようとして、ご神仏の存在を忘れてしまうからです。

でも、どんな人であっても、

「ああ、もう絶望だ!」

「お手上げ状態だ」

「私には、もうこれ以上は無理」

と追い詰められた時、ご神仏の存在を身近に感じやすくなります。

自力でできる限りのことをやり尽くし、悩み尽くして、「もう何もできない……」となると、人は、「神さま仏さま、お願いします！」と手を合わせるしかありません。

人間も、誰かから頼られたら一肌脱ぎたくなりますよね。それはご神仏も同じです。

問題が多く、「お手上げ状態」の人ほど、頼ってきた時にはご神仏が手を差し伸べてくださるのです。


もちろん何の苦労もなく、平穏で幸せな人生を送れれば、それに越したことはありません。でも、そういう人生を送れる人は少数派でしょう。

人生の困難に直面した時、人間の価値観は大きく変わります。

あまりにも大きな試練や苦悩があり、逆境の中でつらい日々を送らなければならなかったとしたら、**それはあなたが価値観を変えるチャンスなのです。**

「もうお手上げです」という時ほど、ご神仏という存在とつながり、手助けをしてもらう方向へ歩みをつなげていく契機になるのです。

でも、**投げやりな気持ちだったり、自分にも他者にも批判的な気持ちでお参りに行く人をご神仏は嫌います。**

苦難が訪れた時、グッとこらえて自力でがんばるのも尊いことです。

けれど、つらい時に「私は大丈夫」と無理に突っ走ると、いつか倒れてしまいます。

「つらいです！」「苦しいです！」とご神仏に素直に自分を投げ出せば、そこに新たな道が開けていくのです。

バチがあたっても悪いこととは限らない

もし、バチがあたったと感じるようなことがあったとしても、それはその人にとって本当は悪いことではありません。なぜなら、ご神仏に叱られる、というの

は「おかげさま」だと言えるからです。

その人が、なぜご神仏に叱られたのかという原因に気づいて、理解することができれば、その後は、自分のよくないところを改善して、よくしていくことが可能となるからです。

それゆえ、あてられたバチも「おかげさま」なのです。

第一、バチをあてても気づかない人には、ご神仏はバチもあててくれません。バチをあてても、無意味だからです。

今、バチをあてても、この人が気づくことはないだろう、もう少し時間が経ってからでないとわかりもしないだろう、という時は、その人が理解できるような段階に至ってから、バチをあてる、というわけです。

ご神仏の存在を感じられる参拝法

参拝客の方が仏像の前で涙を流され、「なぜ、涙が出るのでしょうか」とおっしゃることが時折あります。また、得も言われぬ表情で手を合わせ、ずっと仏像の前に座っている方をお見かけすることもあります。

これは、ご神仏の神聖な働きを、その方の魂が感じ取っているのです。

どんなお寺を訪れても、ただ単に「仏像の前に立ち、お参りして帰った」だけでは終わりません。そこには、ご神仏との出会いが必ずあります。

本堂の中の仏像と対面してお参りできるのであれば、しばらく座り、仏さまと一対一で過ごすつもりで時間を過ごしましょう。

もし本堂の中に入れない場合も、外から手を合わせれば祈りは届きます。

お参り後は境内を散策して自然を感じたり、空を見上げたりして、心ゆくまでお寺でくつろいでください。

山門《さんもん》（お寺の門）という「結界」を入った時点で、ご神仏はしっかりあなたの存在をとらえています。小さいお寺では、石柱や木の柱が2本両脇に立っているだけの場合もありますが、**すべての山門が俗世界と聖なる世界の結界です。**

境内に一歩入れば、すべての空間にご神仏の力が行き渡っています。

ですから、**境内であなたがやったり考えたりすることはすべて、ご神仏はお見通し**と思っていてください。

たとえば、参道を歩きながら、「あ、ちょっとかゆいな」と頭をポリポリかいたとしたら、ご神仏は『おや、かゆいのかい？』と声をかけてくださるような親密さで、あなたのことを見ています。

私はこれまで数々のお寺でお参りしてきましたが、ご神仏の存在を感じなかったことはありません。可能なら本堂の中に入って、ご本尊さまの前で心を開き、信じて手を合わせていると、きっとその存在を感じられると思います。

心から信じて祈れば、あなたもきっと、ご神仏の前で魂に刻み込まれるような深い体験ができることでしょう。

かなえたい願いや解決したい問題がある時には、ぜひお寺を訪ねてください。

ふだんから気軽にあなたがお寺を訪れてくれるのを、ご神仏はいつでも待っておられます。

なお、お寺はご住職ご一家も住んでおられるので、いつでもお参りできる状態ではないお寺では、お参りする時はあらかじめ連絡をしたほうがいいでしょう。

お寺では心を全開にして正直になってお参りする

私はいつも、**「お寺では、実家に帰ったつもりで、心をくつろいでお参りしてください」**とお話ししています。

久しぶりに実家に帰ると、緊張が解けてフッと肩の力が抜けますね。そのくらいの気持ちでリラックスして参拝するのがいいのです。

ですから、実家にフラッと帰省する感覚で、「久しぶりにお参りしようかな」と参拝してみてください。

といっても、もちろん礼儀やマナーを無視していいというわけではありません。

しかし、**かしこまったり緊張したりせず、実家だと思えるくらいリラックスして自分たちと向き合ってほしいと、ご神仏は思っているのです。**

今までお寺に行くと何か懐かしい感じがしたり、どこかホッとしたり、初めて訪れたにもかかわらず、前に一度訪れたことがあるように感じたりしたことはありませんでしたか？

それは、**『よく帰ってきたね』とご神仏があなたを歓迎してくれている証拠なのです。**

楽しみなイベントに行くようにお参りを

リラックスするのと同じくらい大切なのは、心を開くことです。

たとえば、あなたは大好きなアーティストのコンサートに行く時、どんな気持ちになりますか？「会えてうれしい」「やっとこの日が来た！」「早く会いたい！」とワクワクしませんか？

また、慕っている先輩や先生、仲のいい友人に会いに行く時も、うれしくて心がはやるのではないでしょうか。

この時、あなたの心はオープンになっているはずです。

ご神仏にお参りする時もそんなふうに、自分が心から大事に思っている人に会うような気持ちで訪れてください。そうすると、ご神仏はとても喜んでくださいます。

心を開くといっても、どうすればいいかイメージが湧かないかもしれませんね。

一言で言えば、**何も隠そうと思わないこと**です。

人間の心理として、私たちは、ご神仏の前では都合の悪いところを隠しておいて、お願いだけしようと思うものです。「私は何も悪いことを考えていません」「私には欲がありません」と、「いい子」でいたいという気持ちがどうしても出てきてしまいます。

でも、それだと本当にもったいないのです。

ご神仏は、あなたのことをすべてお見通しだと思ってください。

つらい気持ちも、醜い気持ちも、心の中のドロドロやモヤモヤも、ご神仏は全部わかっています。そして、**もしあなたが困っていたり、苦しんでいたりしたら、すぐに助けたいと待ちかまえておられます。**

でも、あなた自身の心が開いていないと、手のほどこしようがありません。

心の中にある苦しみや悩みを見ないふりをしてお参りするのは、茶碗にフタをしたまま「お茶をいれてください」と言っているようなものです。本当の問題にはフタをして、表面的なお願いだけをかなえてもらおうとしても、ご神仏は手を差し伸べられません。

ですから、ご神仏の前でとりつくろおうとしたり、格好よく見せようとしたり、気に入ってもらおうとして自分をいつわったりしなくてもいいのです。

建前をやめて、本音をすべてさらけ出しましょう。

「包み隠さず、すべてお見せします」

「私のすべてを見たうえで、どうかよろしくお願いします」

そんな気持ちで参拝してください。

私自身も、つい自分の本音を隠して建前で祈ってしまったこともありました。

そのたびに、落ちるはずのない物が落ちてきてハッとしたり、体をどこかにぶつけたりして、**「あ、いい格好をしようとしていた」**と気づかされるのでした。

祈りを通じやすくするコツ

たとえば、悲しいことやつらいことがあって、どうやって考えればいいかわからない時でも、**その混乱した気持ちをそのまま仏さまの前で吐き出せばいいのです。**

「仏さまの前ではきちんとしなければ」などと気を張る必要はまったくありません。

「ちゃんとしないと、バチが当たる」と怖がる必要もありません。

実家の親に泣きつくように接してくれることを、ご神仏は望んでいます。

「でも、親に自分をさらけ出すなんて、ちょっと抵抗があるな」と思うのなら、大好きな恋人に甘える気持ちでもいいですよ。

あるいは、親友や何でも相談できる先輩など、あなたが心置きなく話せる相手に会うつもりでお参りにいきましょう。

すると、**あなたの心の扉がサッと開いて、祈りが通じやすくなります。**

自分をさらけ出してご神仏と向き合うことで、あなた自身もその存在を身近に感じられるでしょう。さらに、祈った後はご神仏の力を実感することが多くなるはずです。

ご神仏は、どんなあなたも優しく受け入れてくださいます。

過去の後悔や心のわだかまりがあれば、全部仏さまに話してしまいましょう。

「あれは、失敗だったな」「恥ずかしかったな」と悔やんでいることも、すべて吐き出してしまって大丈夫です。

仏さまはもちろん、誰かにもらしたりはしませんし、さげすんだり笑ったりすることなど絶対にありません。

仏さまは人間とは比べようもない慈悲と力をもっています。

そういった意味では、両親以上、友人や恋人以上の存在です。

ですから、

「私はこんなに汚い考えをもっています」

「欲だらけです」

「こんないじわるもしてしまいました。ごめんなさい」

と正直に言い、

「つらいです。助けてください！」

「この願いをかなえたいんです。お願いします！」

と本音をぶちまけていいのです。


また、親や友人には言えないことでも、ご神仏には言ってもいいのです。

「こんなことを言ったら恥ずかしい」「こんな自分では叱られる」と思うことでも、しっかり受け止めてくれます。

それが、「ご神仏を信じること」なのです。

たとえば、極端な例ですが、「私って最低！」と思うような、人には決して言えないような行動をしてしまった場合でも、その後悔や苦しさをそのまま、ご神仏にまかせてしまっていいのです。

そうすると、ご神仏も、『よし、わかった！』と現実が変わるような変化をどんどん起こし、あなたが自分を受け止めて前進できるようにしてくださるのです。

祈りを届ける際の心がまえ

寺社でのご祈祷を受ける場合は、僧侶や神主さんに一方的にゆだねるのではなく、ご神仏と自分が一対一で対峙しているつもりで手を合わせてください。

僧侶や神主さんは、「ご神仏のプロ」です。ですから、その人たちにお願いすれば、洗練されたやり方でご神仏とつながることができ、その力をいただけます。

聖職にある者の役割は、参拝者とご神仏との心をつなぎ、つまりがないように参拝者の心を整えて、橋渡しをすることだと思います。もし、ご祈祷を受ける方がみずから心にフタをしているとしたら、そのフタをはずすことはできません。

あなたが、ご神仏に自分の願いをすっかりゆだねておまかせする気持ちにならないと、心は開きません。

あくまでも、主役は自分自身。

自分の決意で、自分から心を開いて、ひたむきな気持ちで祈りましょう。

しかし、必ずしも、ご祈祷を受けなければ祈りが届かないというわけでもありません。

特別な能力や資格がなくても、また、修行を一切していなくても、誰でもひたむきに祈れば、ご神仏はその祈りをしっかりキャッチしてくれます。

ふだんはすっかりご神仏という存在を忘れていて、「お参りは数年ぶりです」という人でも、まったくかまいません。

また、**人を傷つけない願いなら、どんな願いでも大丈夫です。**

願望成就や縁結びはもちろん、「きれいになってモテたい」「悪縁を切りたい」「ペットが長生きしますように」「水虫を治してほしい」……など、何でもOKです。

直接お願いするのなら、ちょっと恥ずかしかったり、人に言うのは気後れしたりするような願い事でも気がねなくできますね。人に言えない願いでも、ご神仏は聞いてくださいます。ですから、どうぞ遠慮なく、あなたの素直な願いを伝えてください。

面白いことに、日本全国にそれぞれの願いに特化したご神仏が必ずいらっしゃいます。主なご神仏の得意分野については、4章でご紹介しています。

お祈りする際には、

「○○という願いをかなえたいのです。
悪いところがあれば、反省して直します。よろしくお願いします」

と伝えましょう。

ご神仏はその存在をどう知らせてくれるのか

神社仏閣に足を運んで、ご神仏の前で手を合わせ、真摯に素の自分をさらけ出して祈る、ということは、その場にいらっしゃる仏さまや神さまと握手するようなものだと私は思っています。

どういうことかというと、受け取る側のご神仏からも必ずアプローチがあるのです。**敏感な人なら、祈っている最中にフワッと心があたたかくなったり、力がグッと湧いてきたりして、神仏からの反応が返ってきているのを感じるかもしれません。**

こういうことをお話しすると、「私は何も感じないからダメですね」とおっしゃる方がいます。

でも、どんな方にも必ず何らかの変化が届いているのです。

ただし、そのアプローチは人によって千差万別なので、見過ごしてしまう場合が多いものです。

たとえば、参拝中にこんな経験をしたことはありませんか？

- **急にまわりが明るくなった気がした。実際に陽が射してきた**
- **花のような香りが漂ってきた**
- **風が突然スーッと吹いてきた**
- **鳥がにぎやかに鳴き始めた**

◉境内の動物が寄ってきたり、蝶などが飛んできたりした

これは、自然を使ってご神仏がその存在を知らせてくれている例です。

また参拝後、

「あ、○○してみよう」

「やっぱり○○だったんだ」

「○○さんに連絡してみよう」

などといった気づきやアイディアが、ふと心に浮かぶ場合もあります。

あるいは、前にお話ししたように、夢の中や偶然目にしたポスター、聞こえてきた音楽や言葉、ネットや雑誌の中の言葉などでメッセージを伝えてくれる場合もあります。

そんな時は、気のせいだと思わず、「もしかしたら、ご神仏からのメッセージかもしれない」と思ってください。そして、**気になった言葉やアイディアは、願いをかなえるためのヒントとして活用してください。**

頭の中がいっぱいだったり、心を閉ざしていたりすると、ご神仏からのメッセージ

に気づけません。

お参りの最中はもちろん、お参り後も心を開いて、鳥の声や風の感覚、太陽の陽射しなどの自然や人の会話などに注意を傾けて、感性を解き放ちましょう。

心を開いてお参りを続けていると、次第にその仏さまの個性が感じ取れるようにもなります。

たとえば、同じ「十一面観音さま」を異なるお寺でお参りしたとしたら、「A寺の観音さまは優しいお顔で癒されるな」「B寺の観音さまにお参りすると、心が凛とするな」と、それぞれ印象が変わってくるのです。

「十一面観音さま」としての働きには共通した部分がありますが、お寺の創設された背景や祀られ方によってそれぞれに特徴が出てくるものなのです。

これはひとつの例ですが、京都の六波羅蜜寺《ろくはらみつ》の十一面観音さまは、その昔、疫病で亡くなられた方たちを鴨川の河原で供養するために刻まれた観音さまです。この観音さまの前に立つと、多くの魂を成仏させてきた圧倒的な慈悲の力を感じます。

このように、**仏さまの前に立って手を合わせると、その仏さまと感応し合い、自分**

の中に生まれるものがあることに気づくでしょう。

真言を唱えている間にも感覚が変わってくるのを感じていただけるようになると思います。

そうなると、ただの「仏像」ではなく、仏さまの存在を感じていただけるようになり、単なる「お参り」がとても深い体験となって、あなたの心に作用するようになるでしょう。

運を上げたい人がお参りでやってはいけない6つのこと

ご神仏とより仲よくなるために、お参りの際に気をつけておきたいことがいくつかあります。

①イライラや悪口は神さまの前ではNG

仏さまは、人間の否定的な心もまるごと受け止めてくださいますが、神さまにとって、人間がイライラしたりクヨクヨ悩んだり、プンプン怒ったりするのは「穢《けが》れ」と同じです。

そういった負の感情を抱えたままお詣りしようとすると、神さまのお遣《つか》いである眷《けん》属《ぞく》が気を利かせて、その穢れを落としていくように差配してくれます。**あなたの気分が切り替わるように、境内でクスッと笑うようなことが起きたり、空を見て心がすっきりしたりして、雑念がふっと落ちるようなことが起こったりします。**

参道を歩いている間に幸せな気持ちに切り替えさせてくれ、本殿で祈る時には、その思いが神さまにポーンと飛ぶようにしてくださるようです。

それでも、境内で絶対にしてはいけないのが、人の悪口を言うことです。

友人と観光気分で寺社を訪れて、境内を歩きながら、「あの人のせいで、ひどい目に遭ったのよ」「うちの夫には本当に腹が立つ」などと無意識でおしゃべりしてしまうこともありますね。いくら気軽なよもやま話であったとしても、一方的に問題を他人のせいにして責めていたら、ご神仏にバシッと叱られます。

ただし、**そこで起きている状況を自分のこととして受け止め、解決したいという気持ちがあれば大丈夫です。**

「あの人とのことでこんなにつらいんです。**どうか解決できますように**」
「夫が自分勝手でとても困っています。夫婦関係が**改善しますように**」

などというお願いの仕方をすれば、ご神仏はいつでも手を貸してくださいます。

②ボーッとしたまま、お参りしてはいけない

境内で心をオープンにするのはいいのですが、家にいるのとは違って注意散漫な状態でお参りしてはいけません。

神社仏閣は聖域でもありますが、同時に**多くの参拝客が自分の「思い」を捨てていく場所でもあるのです。**

参拝客が境内でストンストンと落としていった思いの中には当然、うらみつらみや悲しみ、怒りなども混じっています。ボーッとした無防備な状態でお参りすると、「出来たてほやほや」のそれらのよくない思いの影響を受けてしまう場合もあるのです。

そもそも、目的意識もなく漫然と参拝して、「あれ、昨日お参りした仏さまって何だっけ?」と忘れてしまうようでは、せっかくご神仏と触れ合える機会なのにもったいないことです。境内でただボーッとしていたり、他のことを考えたりしながらお参りするのは、ご神仏ともつながりにくいうえに、リスクがあることは覚えていてください。

といっても、**まったく気を抜いてはいけないわけでもありません。**

本堂でお参りする時にはリラックスしてひたむきに祈りましょう。また、参道を歩いている時に自然を感じてみたり、参拝後に境内でお茶を飲みながらホッと一息ついたりするのはとてもいいことです。

③石や土をもって帰ってはいけない

境内の土や石などを、勝手にもち帰ってはいけません。

たとえ小石、落ちていた小枝や木の葉でも、神聖な場所である寺社からもち帰ることと自体がマナー違反です。

お寺によっては砂や落ち葉など、ご神仏のご利益にあずかるために、特別な許可があってもち帰り可能な場合もありますが、それはまれなケースです。

「少しくらいなら」と思っても、**境内での行為はすべてご神仏や眷属が見ている**と覚えておきましょう。

④荒れた神社や廃寺に行ってはいけない

人の手によって管理されていない寺社にお参りすると、時にはご神仏でない存在が棲《す》みついていて悪さをする場合もあるので要注意です。

境内の外から見て、いかにも荒れ果てている寺や人の手が入ってない場所には立ち入らないようにしてください。

⑤大声を出したり迷惑になる行動をしたりして人の邪魔をしてはいけない

他の参拝客の迷惑になる行動をしたら、ご神仏は怒ります。

境内で騒いだり、ゴミを捨てたり、並んでいる列に横入りしたりしてはいけません。

これらは公共のマナーとして当然のことですね。お寺で一生懸命お参りされる方たちの邪魔をすることを、ご神仏は一番嫌がられるのです。

派手な服装をしたり、肌の露出の多い服でお参りするのはよくないと言われているのも、人の祈りを妨げないためです。

人間は、場違いな服装の人が目に入り、一瞬でもそこに意識が行くと気が散ってしまいます。そして、真剣に祈ろうという気持ちに水を差されてしまうものです。

ご神仏自体は、服装でその人を判断したり、気分を害したりするような存在ではありません。

自分自身は「このくらい大丈夫だろう」と気にしていなくても、逆の立場になれば、それが時には迷惑なことであるのは想像がつきますね。ですからお参りでは、常に周囲に配慮しながら振る舞うようにしましょう。

⑥マナー違反の人を批判しない

境内でマナーの悪い人を見ると、つい、「この人、何のつもり!?」とイラッとするかもしれません。しかし、そんな人たちを批判する行為もご神仏は嫌がります。

迷惑行為をする人を見てムカッとする自分自身も、気づかないうちに人の迷惑に

なっている可能性もありますよね。自分を棚に上げて、他人を批判するのはおかしいのです。

ご神仏は、誰に対しても大らかな気持ちでお参りできる人に目をかけてくださいます。

寺社での注意事項をお話してきました。物をもち帰ったり迷惑行為をしたりするのはどんな時もNGですが、人間ですから、時には人の悪口を言ったり批判をしたりしてしまうこともあるでしょう。

もし、「やってしまった！」と気づいた時は、そのことを悔やんだり、自分を責めたりしないでください。

境内で人や自分の批判をしていることにハッとしたら、すぐにやめて、「あっ、ごめんなさい！」と謝ればいいのです。ご神仏はそんなあなたの姿を好ましく思って見ていてくださることでしょう。

お賽銭はいくらにする？

お賽銭《さいせん》は、ご神仏に対する思いの表れです。

高ければいいというわけでもありません。金額そのものよりも、「自分が素直に出したいと思う額」を出せばいいのです。なぜなら、**額ではなく「気持ち」が大切**だからです。

「とりあえず、○円でいいや」といういい加減な気持ちで額を決めると、それもご神仏には伝わります。もちろん、お賽銭の額の大小で神仏のご加護が変わるわけではありませんが。

でも、**「もったいないから、1円にしておこう」とケチってお参りするのと、「がんばって○円出そう」と気合いを入れてお参りするのとでは、まったく思い入れが変わってきます。**

願い事がかなったら、お礼参りを忘れずに

仏さまにお参りして願い事がかなったら、できればお願いしたお寺にお礼に参るのが望ましいのですが、何らかの理由があって難しい場合は、同じご神仏の祀

られている別のお寺にお参りしてもかまいません。

ただし、その場合は、

「あのお寺でお願いさせていただきましたことがかないました。

ありがとうございます」

とお礼を言ってお参りしてください。

お礼をすることで、そのお願いがどれだけ自分にとって大事なものであったかがわかるものです。お礼をしないということは、自分の心にも背《そむ》くことになります。

お願いしたのが神さまであれば、かなったのにお礼をしないということには眷属が怒ります。神さまのお遣いである眷属は、喜怒哀楽が強く、自分が遣える神さまに失礼があると怒るのです。なので、何かあるかもしれません。

お願いした先が如来さまや菩薩さまであれば、直接何かがあるわけではありませんが、自分の心に背くことになりますので、そのことにより、やはり何か不都合が生じることが考えられます。

いろいろあってすぐにお礼参りにいけない場合でも、行く気持ちをもっていることが大事なのです。それならば、時間がどれほど経ってしまってからのお礼参りでも問題ありません。

しかし、それでもどうしても行けない場合は、「代参り」といって家族や友人に代わりにお礼参りしてもらうこともできます。

悩みはご神仏に渡してしまうと運が開ける

ここから、ご神仏にお願いして悩みを軽くする秘訣をお教えしましょう。

生きていれば、理不尽なことを言う人や攻撃してくる人は必ず現れます。

特に仕事などでは、そういう一見「敵」だと思う人とも一緒に過ごさなければいけない場合もあるでしょう。


他人に攻撃されたと感じた時には、ご神仏の名前を唱えてみてください。

あるいは、ひとりでいる時に、「もう、あの人なんて大嫌い」「あの人さえ変われば」と、もんもんとしてしまうことがありませんか？

まだまだ修行が足りない私には、時にはそんなことがあります。

ある時、「また嫌なことを思い出した」とため息をついていると、お不動さまからこんな言葉が来たのです。

『お前はなぜ、また自分をいじめとるんや。
わざわざ嫌な人を心に呼んで、自分をいじめなんでもええやろ』

確かに、今は一緒にいないのに、わざわざ嫌な気持ちになる人を思い出してあれこれ悩んでいるのですから、自分で自分をいじめているのと同じです。

自分からあえて嫌な人を心に呼ばなくてもいいのです。神さまや仏さまが心に宿るのなら大歓迎ですが、嫌いな人に心を乗っ取られて憂うつになる必要はありません。

どうしても嫌な相手が頭から去らないのなら、その人をご神仏に渡してください。

「頭の中からこの人が消えなくてつらいんです。何とかしてください。お願いします」

と祈れば、必ずご神仏が引き受けてくださいます。

そうすると、ご神仏があなたの心の中で大きくなり、その嫌な人の居場所がなくなります。

お金の悩みも同じです。ご神仏にあずけてください。

四六時中、「お金がない」と思っていると、

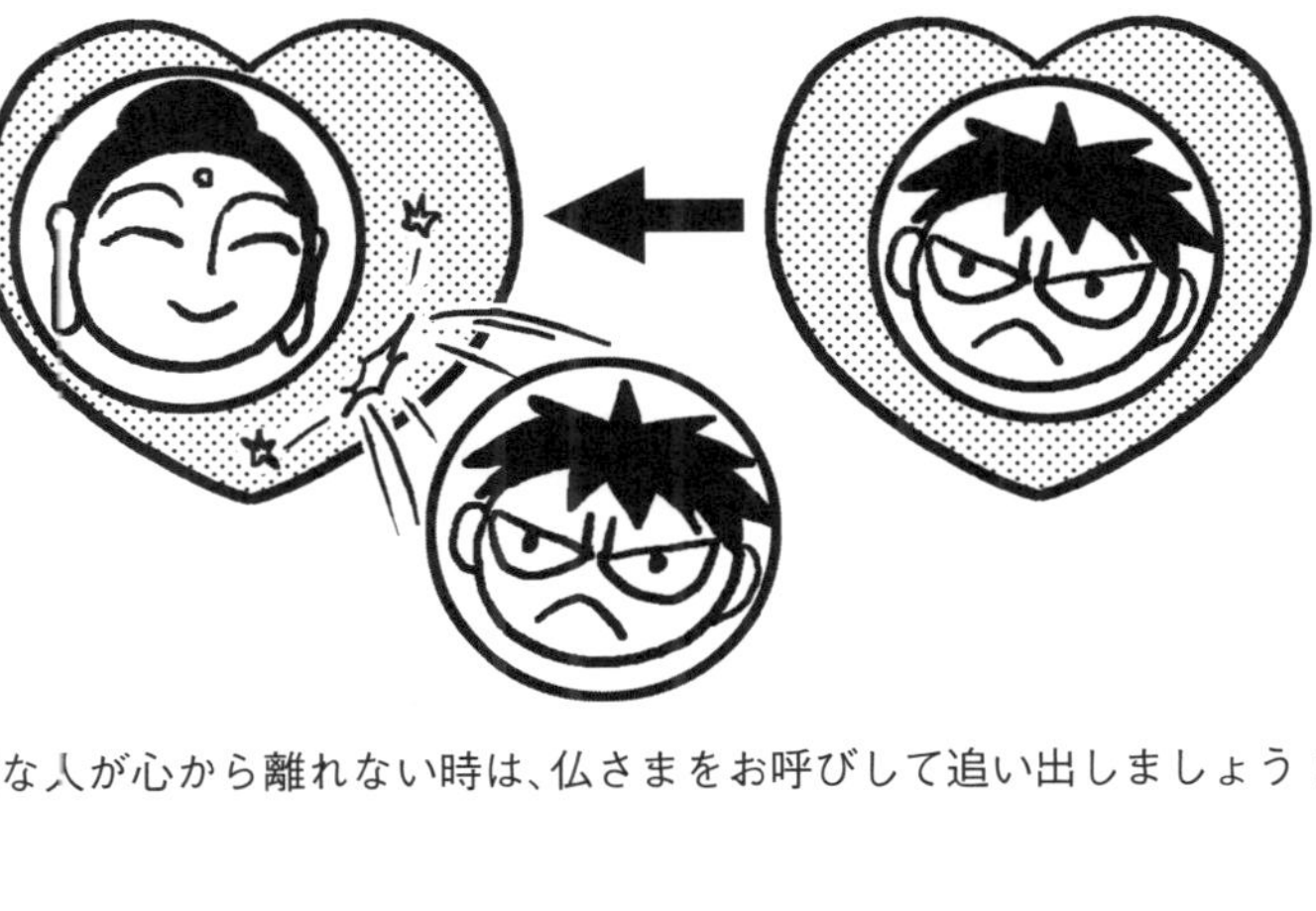

嫌な人が心から離れない時は、仏さまをお呼びして追い出しましょう！

そのことに頭が支配されてしまうので、ご神仏の入るスペースがありません。

たとえ借金があったり、必要なだけのお金がなかったとしても、「今この時」は住む部屋があり、食べるものや着るものがあるはずです。そこに気づいて、ご神仏にお金の問題が解決するように祈るのです。

すると、その心にご神仏が宿り、あなたを楽にさせてくれます。

その楽になった心で、日々やるべきことをやっていれば、必ず人生はよい方向に進み、経済的にも安定した状態になっていくでしょう。

神さま仏さまに愛される究極のキーワードとは

人生の問題を解決していくには、ご神仏との間に強い信頼関係を築くことが大切です。そのために、**あなたの好きなご神仏、守ってくれていると思う存在に日々、「ありがとう」と感謝を向けてください。**

すると、物事がスムーズに運んだり、小さな悩みが解決したりして、ますます感謝を捧げたくなるような状況がやって来ます。

小さないいこと、ちょっとしたうれしいことを心から味わい、

「うれしい！」
「ありがたい！」

と感謝することがポイントです。

機会をとらえてご神仏に感謝していくと、日常のささやかな喜びやうれしさを神さま、仏さまたちと共有することになります。

その感謝や喜びがご神仏と呼応して、あなたの心に安定感が増していきます。最初は小さかった木がだんだん立派な木になるように、**大きな安心感が湧いてくる**のです。

そうすると、**嫌なことや悪いことが起きた時でも、「嫌だな」ではなく、自然にそこに潜むいいことを見つけられて、「ありがとう」と受け取れるようになっていきます。**

嫌なことが続く時に、表面の出来事だけを見て右往左往しても、流れは変わりません。

「悪いもののせいかも」と厄払いしてもらっても、心の中が変わっていなければ同じことが起こり続けます。

それどころか、周囲や運のせいにし続けると、『**これくらいでは、わからないんだな**』と、さらに輪をかけて問題が起きてしまうのです。

頭をコツンと叩いても気づかないのだから、わからせるために、「愛のムチ」としてズシンと重いパンチが飛んでくる、そんな感じです。

運の流れを変えたい時には、

「なぜ、今悪いことが起きているのだろう」
「ご神仏は、何を教えようとしているのだろう」

と考えることが必要なのです。

すべての出来事は自分の心とつながるご神仏が起こしている。そう気づいて、感謝しながら自分自身を省《かえり》みてみましょう。

不幸な出来事や嫌なことが立て続けに起きた時も、

「そうか、学ばせてもらっているんだ。ありがとうございます」

と手を合わせ、**そのことから学ぶべきことを学ぶと、悪い流れがピタッと止まります。**それが悪い流れをいい流れに変える秘訣です。

あの世まで面倒を見てくれるご神仏

ご神仏は「この世」だけでなく、「あの世」までも面倒を見てくださいます。

私が僧であるせいか、人からよく、「人間は、死んだらどこへ行くのでしょう」と聞かれますが、その方が行くべき正しい場所、魂が最も磨ける場所へとご神仏が導いてくださるので大丈夫です。

私たちは「亡くなったら終わり」ではありません。

「あの世」でも、自分が仏になるための学びが続きます。いわゆる「極楽」とは、仏になるための勉強の場であり、それぞれの魂にベストな場所があるのです。そして、**亡くなった後のこともご神仏におまかせするのが一番なのです。**

私たち僧侶は、ご葬儀やご供養で仏さまのお力を借りられるように橋渡しをさせていただくのが役目です。

私がおこなわせていただく供養の中に、毎日の施餓鬼《せがき》供養があります。

これは、執着心から成仏できずにさまよっている魂をあの世へ送るご供養です。亡くなる時にこの世に強い思いを残している場合や、突然亡くなってしまった場合には、死を受け入れられず、さまよってしまう魂もあるのです。

ご神仏にお願いして、そんな方たちをあの世へ無事送るのも、私たちの役目です。このような話をすると、「怖くはないのですか？」と驚かれます。でも、まったく怖いとは思いません。なぜなら、その方たちは決して「悪い霊」などではなく、肉体がないだけで、私たちと同じ魂だからです。

お不動さまにお願いしてその方たちを供養すると、傷ついていたり迷っていたりする魂が、本来の幸せな魂に戻って旅立っていかれるのがわかります。

ふだんは霊感がない私ですが、祭壇の前で祈っている時には、お不動さまがサーッと降りてきて、供養している魂をスッと天へ連れていってくださるのを感じられるのです。

そうやって、お一人お一人をあの世へお送りするのが、私にとっての幸せでもあります。そして、魂が肉体を離れた後に、天に送り届けてくださるのがご神仏なのです。

お不動さまを頼ってこられた魂たち

今はずいぶん減りましたが、一時期、わが家で祀っているお不動さまを頼って訪れる魂があとを絶たなかったことがあります。

霊的な感性が強い友人が、わが家に遊びに来てくれた時のことです。

部屋に入ったとたん、「この部屋には人がたくさん行列してるよ」と言うのです。

そのわけを尋ねてみると、彼女が部屋のドアを開けるなり、『一番後ろに並んでください』という声が聞こえたのだとか。「えっ?」と驚いて部屋を見てみると、リビングにこの世のものではない人たちが並んでいて、その列は隣の部屋に祀っているお不動さまの前まで続いていたそうなのです。

しかも、その方たちは、行儀よく座って順番を待っていたそうです。

彼女は「同類」と思われ、そんな言葉をかけられたのでしょう。

実は、自宅の近くには城跡があり、昔は刑場や戦場もあったようです。

何百年もさまよった魂がお不動さまを頼ってこられていたのですね。友人の話を聞いて、悪さをするわけでもなく、ただ並んで待っているその魂たちを、心を込めてご供養させていただかなければと改めて思ったのでした。

ご神仏が与えてくれたものがすべてである

亡くなった方のご供養は、私たち僧侶の仕事です。しかし、どんな思いがあったとしても、命のやりとりに関しては人間が決められるものではありません。**人の寿命というものを、人間側の思いだけで考えてはいけない**、と気づかされた出来事がありました。

末期ガンの父親をもつ娘さんから、ある依頼を受けた時のことです。

発見された時点で末期だったため、死を覚悟した父親は、生まれ故郷に戻って昔迷惑をかけた方に謝り、お世話になった方には挨拶したいと望んだのだそうです。

もちろん医師は、そんな状況で旅行するのは言語道断だと止めました。

しかし、父親の意志はかたく、「命の保証はなくてもいい」という前提で、旅行先の病院でケアできるよう手配し、車いすで旅行することになりました。

娘さんからの依頼は「旅行する間、仏さまの力でなんとか父の命を保《も》たせてほしい」というものだったのです。

難しいご依頼でしたが、ご家族の気持ちもよくわかります。私は護摩壇をもっていないので、線香護摩という特別なご祈祷を毎日おこなわせていただき、旅の間、その方の命がつながるようにとお不動さまに祈願させていただきました。

そして、お不動さまのお力でその方は無事に旅行を終え、療養生活に戻ることができたのでした。

人の死には学ぶべきことがある

私自身の学びがあったのは、その後のことです。

ひと月ほど経った頃のこと、娘さんが泣きながら電話をかけてきました。

父親の介護が大変で、家族全員が疲労困憊しているというのです。

「いつまでこの状態が続くのでしょうか。旅行に行けたのはよかったけれど、毎日つらいです」

そうおっしゃる言葉を聞きながら、私は深く反省しました。

本当は、誰もが自分自身の人生の、その与えられた寿命の中で、最も学んでいける生き方をしていかなければならないのです。

それが短い命であれば、周りから見たら不幸なことに思えるかもしれません。

でも、**その人自身にとっては素晴らしい学びができていたのかもしれないのです。**

そして、それを判断するのはその人自身であって、周囲の人間ではないのです。

このケースでいえば、万が一、父親が旅行先で亡くなったとしても、**そのことによってその方自身やご家族が学ぶべき大切なことがあったのかもしれません。**

ですから、僧が死に対して善悪を判断し、固執してはいけなかったのです。

電話を受けた翌日、その方は静かに旅立っていかれたそうです。

私たちに生きて学ぶべきことがあり、果たすべき役目があれば、必ずご神仏が守ってくれます。どんな時もただそのことを信頼して、与えられた寿命を精いっぱい生きる。これが、私たちが目指す生き方だと思います。

父親の亡くなる前日に娘さんがくれた一本の電話のおかげさまで、私は大きな学びを得られたのでした。

すべての死に尊いメッセージがある

もし、大切な人が亡くなったら、悲しくつらいのは当然のことです。

そして残された者には、必ず後悔がつきまといます。「もっと優しくすればよかった」「生前、伝えたいことがあった」と、誰もが大なり小なり思うでしょう。また、病気で亡くなった場合は、「違う治療法があったのでは」「発見がもう少し早ければ」と思うでしょうし、事故の場合は、「阻止する方法があったかもしれない」と悔やむはずです。

そんな悲嘆の時に、悲しい気持ちを否定したり、抑えたりしてはいけません。

早く立ち直ろうとしなくてもいいのです。

自分の気持ちにフタをしてしまうと、自分自身を責め、後悔し続けることになります。「悲しい自分」を認め、大事な人が亡くなったという事実を大切に受け止めてください。

以前、ある男性が自死されました。しかし、その男性の母親は、息子の死がまったく受け入れられず、男性の妻が男性の服や靴を捨てた時、その妻を激しく叱責し、ゴミ集積所からそれらを取り戻し、きれいに整えて、いつ男性が帰ってきても使えるようにして、決して戻らぬ息子の帰りをひたすら待っておられました。

愛する者の死は、それほど受け入れがたいものでもあります。しかし、その耐えがたい死を受け入れることが、亡き方への供養の第一歩なのです。

そして、仏さまに亡き人の魂の安寧をお願いして祈ることができれば、その方の魂が決して消えたわけではないとわかり、亡き方との新しい関係を築くことができるのです。

そのことにより、遺された人の生き方も、よりよい方向へと導かれるのです。

「当たり前」「普通」が何よりありがたい訳

でも決して、無理をする必要はありません。

もし、ひとりで受け止めきれない時は、神さま、仏さまに、「助けて！」「悲しいです！」とおまかせしてください。そのうえで心の整理が徐々につき始めたら、**「この死は何を教えてくれたのだろう」**と考えてみてください。

死とは、その人が残した命がけのメッセージです。

何歳であろうと、どんな亡くなり方であろうと、すべての死に意味があります。

ひとりの人が亡くなる時、残された者はみな強烈な学びを得ます。故人は死を通して、大切な学びをあなたに伝えているのです。

そして、故人が死を通して送った学びを、あなたがどう受け取っていくかによって、その方の命が今後生かされるかどうかが決まるのです。

「当たり前」の生活や「普通」の暮らしが、どれだけありがたいことか。

今、家族や大切な人たちと一緒にいられる時間が、どれほど尊いことか。

私たちは、これまで先に旅立った方たちが残してくださったメッセージを、もっとしっかり受け取り、生きていかなければと思います。また、生きている間に、自分のまわりのすべてに感謝を捧げなければと思います。

今日を仏さまからもらった「最後の1日」として生きる

私たちは、何気なく今日という日を過ごしています。

でも、こんなふうに考えてみてください。たとえば、あなたが死んで「あの世」に行ったとして、仏さまが現れてこう言うのです。

『お前に、あと1日だけ時間をあげよう。好きな時に戻ってきていい。でも生き返った時には、このことは忘れている。そして、1日経ったら、またここに戻ることになる』

今日、この日は、その「1日」かもしれないのです。

こう考えると、生きている「今」という時間の一瞬一瞬が、とてつもなく大事なものに思えてきませんか？　そして、そのありがたさを実感しませんか？

「いつか」や「どこか」ではなく、仏さまからいただいたこの一瞬を、悔いのないように生きる。「今」をしっかりかみしめる。「ああ、お茶がおいしくて幸せだな」「野の花がきれいだな」と、この瞬間をひとつひとつていねいに味わうことも、「祈り」とつながります。

実は、**「今」というこの時を大事にする生き方が、ご神仏と一番つながりやすいのです。**

もし、一日中ダラッと過ごしてしまったと思っても、「最高にダラーッとできたな」と、その時間を味わって楽しみ、感謝しましょう。

どんな「今」であっても、味わい尽くし、生き尽くす。

それが、仏さまからもらった「今日」を生きるということです。

第四章

あなたに最善をもたらす祈り方

ご神仏の個性と得意分野

幸せなお金に恵まれるための祈り方

ここからは、ご神仏に対してどんなふうに祈ればいいのか、具体的に見ていきましょう。

金運を上げたいとお参りする人は多いと思いますが、お願いする際の秘訣があります。

お金は、物事を動かすためには必ず必要なものです。そうして、人生を豊かにしたり、目標を実現したり、人に喜んでもらったりするためのアイテムですから、「お金が欲しい」とお願いすること自体はいいのです。

でも時折、お金を得ること自体が目的となっている人がいます。**使い道の決まっていないお金を欲しがる人には、ご神仏は手を貸してくれません。**

そんな人は、ご神仏からすれば、『お前の人生の目的は、本当は何なのだ？』となるわけです。

仏教的に見れば、むやみやたらと「お金が欲しい、欲しい」と言っている人は、「餓鬼《がき》」と同じです。

餓鬼は、喉が針より細いため、手に食べ物をもっていても実際に食べることができません。それゆえ、いつもお腹を空かせて、「もっとくれ」と新たな食べ物を欲しがり続けるのです。

使い道の決まっていないお金を欲しいと思うのは、消化することもできないのに新たな食べ物を欲しがる餓鬼と同じなのです。

金運を上げるためにもつべき視点とは

たとえば、

「今、病気で働けなくて生活費が○○円足りません。なんとか助けてください」

「留学資金が○○円欲しいのです」

など、**安心して暮らすための費用や夢を現実にするためのお金を、道具として具体的にお願いするならいいでしょう。**

また、

「高級レストランに行ってみたいからお金が欲しい」

「ブランド物のバッグが欲しいからお金持ちになりたい」

「世界一周旅行がしたいから旅費が欲しい」

といった願いでも問題ありません。

「高級レストランに行く」「ブランド物のバッグをもつ」「世界一周旅行をする」といった**「経験」をして楽しみたい**、という目的がちゃんとあるからです。

ただし、その「楽しみたい」という欲が暴走しすぎると、ご神仏に叱られます。

本来、どんな経験も自分だけのためでなく、人のために役立てることができます。

たとえば、高級レストランのおいしい食事で幸福感を味わうことで、家族や周囲の人に優しくすることにつながる。

ブランド物のバッグをもって自信をつけ、仕事でさらに成果を出せるようになる。

世界一周旅行で見聞を広め、社会での自分の役割に気づく。

そんなふうに、**実はどんな願いでも人との関わりの中で役立てることができるのです。**

このように、**「お金を得て自分がさらに人の役に立つ」**という視点をもって祈ることが、ご神仏にお願いする時のポイントです。

その人が自分の望む経験をして周囲の役に立って輝けるのなら、ご神仏はいくらでも応援してくれます。でも、**「自分だけがよければいい」と考えたり、見栄や虚栄心のために行動し始めたりすると、「それは違う」と教えてくれる**のです。


これは金運だけでなく、すべての願いに対して言えることですが、時には、お願いした以上のご利益が来ることもありますし、また逆の場合もあります。

たとえば、スイス旅行をお願いしたのに、世界一周旅行ができることになったというラッキーな展開もあり得ますが、その一方で、スイス旅行の代わりに、なぜか2泊3日の国内旅行が来るケースもあるのです。それがご神仏のはからいの面白いところです。

そんなことがなぜ起きるかというと、**ご神仏はどんな時も、「その人にとって最善の結果」を出してくれるからです。**

ですから、お参りした後にやって来たものを素直に受け取っていると、意外な展開になり、結果的には別の素晴らしい体験につながったりすることもあるのだと覚えていてください。

このパターンは、ご神仏の「常套手段」です。ですから、どんな時もご神仏を信じて選り好みしないことが、ご利益を最大限に受け取るコツなのです。

ご神仏には**「自分の人生を歩めるように」**と祈ってください。これがご神仏に真っ先に祈ってほしいことです。私自身も、「自分の道を歩めるように、道を踏みはずさないように」と祈っています。

また、私がご祈祷する時にも、**「その方にとって最良の道が示されますように」**とお祈りします。

最良のご縁に恵まれるための祈り方

恋愛相手や結婚相手との縁を結びたい場合は、

「良縁が成就しますように」
「私にとって最高の相手と出会えますように」
「幸せな結婚ができますように」

とお祈りしましょう。

出会いたいパートナーに対する条件や好みがあって悪いわけではありません。しかし、それはあくまでも「人間側の視点」によるものです。

それに、口では「年収が〇〇円以上で、優しい人がいい」「絶対、背が高いイケメンと結婚する」と言っていても、実際はまったく違ったタイプの人と結婚したり、おつきあいしたりする人も多いとは思いませんか？

結局、自分の希望だと思っているものは、自分自身の思い込みであって、本当にベストな相手を指しているわけではないのです。

では、何が本物のご縁かというと、「大好きで心から愛せる人」です。

「何を置いても、この人と一緒に生きていきたいと思える人」「お互いに魂を磨き合

える人」が一番幸せになれる相手であり、ご神仏がつなげてくれるご縁なのです。

時にはそれが、高収入で見た目も自分のタイプだったということもあるかもしれません。でも、**自分の好みにこだわりすぎると、本当のご縁を見逃してしまう場合もある**ので気をつけてください。

ご神仏は常に最善をもたらす

もし、すでに好きな人がいるのなら、「○○さんとおつきあいできますように（結婚できますように）」とお願いしたくなるかもしれません。

でも、その人が自分にとって最高の相手かどうかは、人間にはわからない部分もあります。ですから、特定の相手との縁をお願いするよりも、

「自分にとって最高の縁が結ばれますように」

とお願いしたほうがいいのです。

実際、お参り後に、それまで片想いで好きだった人のことをすっかり忘れて別の相手を好きになり、おつきあいを始めた方もいらっしゃいます。

自分がどんな状態であったとしても、ご神仏にお願いすると、最良の縁がスッと立ち上がるのです。

ですから、人間が勝手に「この人だ」と思い込んでお願いするよりも、ご神仏にコーディネートしてもらったほうがスムーズに運ぶのです。

もし、「運命の相手」との間に障害があったとしたら、ご神仏がそれを取り除いてくれます。

お参りした後に、それまで激しく反対していた親が急に結婚を認めたり、遠距離恋愛だった相手が転勤して結婚できるようになったりと、人間業ではできないことをご神仏は起こしてくださいます。

恋愛に関することを特に得意とするご神仏は、愛染明王《あいぜんみょうおう》さまです。

真言は「オン ウンダキウンジャク」です。

健康に恵まれるための祈り

健康については、現在ご自分が特に病気もないのであれば、無事健康を保たせていただいていることの感謝を、ご神仏とご自分の身体自体になさることから始めてください。

でも、生きていると、病気になる可能性は誰もがもっていますね。

病気には、2つのとらえ方があります。

ひとつは、**自分に対する注意喚起として病気になる**場合です。

たとえば、

「改めたほうがいい心のクセがある」

「ふだん、ないがしろにしているものがある」

と教えるために、病気という現象が起きることがあるのです。

体に不調が出れば、誰でもいったん立ち止まり、何がこの不調の原因となったのかと、自分自身を振り返るものです。

そこで、自分の反省すべき点や改めるべき点に気づいて軌道修正すると、快方に向かい、よりパワーアップした自分になり、新たな人生を始められます。

もうひとつとして、人生の柱となる病に関しては、われわれが人として知り得ることはほんのわずかでしかなく、ご神仏の大きな視点から見ると、すべてが慈悲の中にあるということなのです。

この場合、**病気がひとつの課題として与えられた**と受け止め、その中でよりよく生きる道を探っていくと、素晴らしい力が発揮されていきます。

たとえば、**その人の生きる姿を見て、周囲の人が多くのことを学べる。その病気について世の中に発信することで結果、大勢の人が助けられるなど、病気になったからこそできることをやっていくお役目をもって生まれてきたとも言えます。**

どちらの場合も、ここでは病気を受け止めること。そうしなければ治しようもありませんし、次のステップへ踏み出すこともできません。

ご神仏には、

「〇〇という病気になりました。学べることを学ばせていただきます。これからさらに、自分が人のためにできることがあれば、やっていきます。それができるようにしてください」

と祈りましょう。

それが、あなたが生まれてきた役割を果たすために一番の祈りです。

すべてご神仏におまかせするのがベストですので、**治るべき病気であれば治りますし、「一病息災」という言葉があるように、病気とともに生きることで自分が歩むべき道が開けてくる場合もあるのです。**それは心に留めておきましょう。

そして、自分の身体を形作るすべての細胞に感謝し、時として細胞の発する声に耳を傾けてみましょう。

細胞のひとつひとつは、それぞれまるで虫のように小さくとも意識があり、協力して身体たらしめてくれています。彼らのおかげさまで人間として存在できているのです。彼らの声を聞き、ねぎらう心をもって自分の身体を大事にしましょう。
特に、**健康に関して得意な仏さまは、薬師《やくし》如来《にょらい》さま**です。
真言は「オン　コロコロセンダリマトウギ　ソワカ」です。

仕事に恵まれるための祈り

仕事の場合は、

「自分を最大限に生かせる仕事をさせてください」

と祈るのが一番です。
もし、「これが私の天命だ。これしかない」と自信をもって言える仕事があれば、

「この仕事で私が最も役立てるようにしてください」

と祈るといいでしょう。

どんな場合も、お金を稼ぐためだけの仕事ではなく、**「誰かの役に立つ仕事」「自分が心から魅力を感じる仕事」を意識してお願いするのがポイント**です。

多くの人は、「社会的地位のある職業」や「収入の高い確実な仕事」に就きたいと考えます。その理由は、仕事とは、自分の社会的地位を確立し収入を得るためのものだと無意識に思っているからです。

私は、**仕事とはその人の人生を幸福感で満たすものである**と思っています。

では、人間の幸せとは何でしょう？

もし、どんなにうれしいことがあっても、おいしいものを食べ、美しいものを見て感動しても、この世の中にたったひとりしかいなければ、その喜びを誰とも分かち合うことはできません。すると私たちは、幸せと感じることはできません。

そう、**家族や友人、日頃関わる人、何気なく町で触れ合う人たちがいて初めて、人は幸せを感じることができます。**自分ひとりだけでは「本当の幸せ」は存在しないと思いませんか？

私たちは、誰かに喜んでもらうことや笑顔になってもらうこと、つまり、人と関わり、人を幸せにすることで、自分自身も幸せを得られる生き物だと思います。

たとえば、自分が欲しかったプレゼントをもらって喜ぶより、相手にプレゼントをあげて喜ぶ姿を見ている時のほうがより大きな幸福感を感じられるものなのです。

本当の幸せとは、人のために何かをしてあげる中で見つけられるもののようです。

人に尽くすことは、自分に尽くすことと同じであり、誰かのために自分にできることをやることが、自分自身の幸せにつながっているのです。

ですから、自分のためだけの仕事ではなく、人のために自分を生かす仕事をお願いすると、ご神仏はすぐにあなたの願いをかなえてくれるように動きだします。

そして、人を幸せにする仕事とはどんなものかというと、それはいわゆる天職というものですが、本人にとっては大変魅力的な仕事で、ついつい我を忘れて没頭してしまうような仕事です。

そのようになされた仕事は何であれ、周囲の人の心に響き、幸せを感じさせるものとなり、関わる人々を幸せにしていきます。

そして、意識せずとも経済的な豊かさも後からついてきます。

ですので、嫌な仕事を人のためにと思っておこなっていても、誰も幸せにはなれません。そんな時は、ご神仏に本来の仕事ができるよう祈ってください。

仕事関係が得意なご神仏は、大黒天《だいこくてん》さまです。

真言は「オンマカキャラヤ ソワカ」です。

毎朝、命に感謝して一日を始める

私は師より、僧侶は「朝に生まれて夜に死す」生き方をせよ、と言われました。

朝、目覚めた時に新しく生まれ、一日の終わりに命の活動を終わらせ、いったんすべてを手放す。それが、日々の修行のひとつなのです。

私は起きるとまず生きていることに感謝し、命に感謝します。

細胞のひとつひとつが、「命」です。すべての細胞にアクセスするつもりで**「ありがとう、今日も一日よろしくね」**と声をかけます。

次に、神さま、仏さま、ご先祖さまに、**「この一日をいただき、ありがとうございます」**と感謝します。また、家族に**「今日も家族でいてくれてありがとう」**と心の中で伝えます。

次に、自然と国家に感謝します。

スケールが大きくなりますが、真言宗では、日々の祈りの中で必ず、国家に感謝の祈りを捧げます。

生きて目覚められたのは、大災害が起きなかったから。また、国が安定していて戦争や紛争が起きていないから。国や自治体が正常に機能し、社会のコミュニティがあるおかげで、私たちの暮らしは成り立っているのです。そのことに感謝し、今日一日その中で生きることを認識します。

体にも自然にも、ご神仏にも感謝する

そこまで感謝するなんて大げさだと思うかもしれませんね。

でも、一度寝た後に再び目を覚まして次の一日を生きられる保証は、どこにもあり

ません。日々の生活の中では忘れがちですが、一日が新しく始められるのは、とてもありがたいことなのです。

また、私たちを照らす太陽の光は、昨日と同じではなく、今日の新しい光です。

自分を取り巻く存在や自然に感謝し、「わあ、ありがたいな。今、私の細胞は全部喜んでいるんだろうな」と、ふと思ってみる。

そんな意識で一日を始めるのはとても大事なことです。

特に、体に感謝することは、「かけがえのない自分」をメンテナンスすることにもつながります。細胞をひとつひとつ見るように体を感じていくと、その日のコンディションが何となくわかり、自分が何よりも大切であることを実感できるようになります。

あなたも、できる範囲でいいので朝の習慣にしていただけたらと思います。

形式にとらわれる必要はありません。仏壇や祭壇があれば、その前で合掌して祈るのが理想ですが、**布団の中で思いをはせるだけでも大丈夫**です。また、文言も好きなようにアレンジしてかまいません。

どんな形でもいいので、与えられた一日と自分自身の命、自分を守ってくれている存在、そして家族に感謝を伝えてください。

「今日も新しい一日をいただけました。ありがとうございます！　私の体、ありがとう。神さま、仏さま、ご先祖さまありがとう。自然にも国にも感謝します」

という軽い感じだったら、続けられますね。

1日2日忘れたとしても、かまいません。思い出した時にすれば、いつか習慣になっていきます。自然やご神仏とともに生き、与えられた新しい命に感謝して一日を始めると、今日という日が大切な「一生」になっていきます。

「今日の私」を終わらせ、「新しい私」を生きる

私は師より、僧は就寝前、あの世に亡き人を送るための「引導《いんどう》」作法を自分自身に対しておこなうよう教えられました。これは、一日の終わりに「死」を迎えて、その日を完全に終わらせるためでもあります。

あなたも、一日を無事に終えられたことに感謝し、すべてを終わらせるつもりでそ

の日を締めくくりましょう。

まず、その日一日で起きたつらかったこと、悲しかったこと、うれしかったことを思い出して、すべてに感謝します。そして、一日に関わったすべての人に感謝します。

次に、自分自身と自分の体に「一日ありがとう！」と伝えます。

自分に対しては、

「今日もいろいろ大変だったけど、よくやったね」
「嫌なこともあったけど、がんばったね」

と声をかけ、体には、

「文句も言わず働いてくれたね」
「不調にならずにいてくれてありがとう」

とねぎらってください。

その後、細胞のひとつひとつから余分な力が抜けるとイメージします。

体の力をダランと抜いてみると、それまで力が入っていた部分がわかります。肩や首、腰、胃のあたりなど、その日によって力の入っている場所が違うので、自分の体を感じてみましょう。「よしよし」と言いながら、その部分をなでてあげるのもおすすめです。

生命を維持する機能だけを残すイメージで、あとの力はすべて空気中に投げ出し、解き放ってください。難しく考えず、「なんとなくこんな感じ」と思っていただければ全身リラックスでき、力が自然に抜けていきます。

私たちは、寝ている間、仏さまの神聖な世界に帰ります。

「今日の私」は死に、明日、目覚めたら、生まれ変わって「新しい私」を生きる。

こんな意識で眠りにつきましょう。

このような習慣を続けていけば、一日の始まりと終わりが、葛藤や苦しみを切り替えるいいチャンスになるでしょう。

といっても、すぐに悩みや問題が消えるわけではありません。

当然、翌日も前日から持ち越した課題はありますし、また、引き続きやるべきことも残っていると思います。でも、それらもまったく新しいシチュエーションとして受け取れるようになり、その問題に向かう態度が、少しずつ変わってきます。

また、自分が何よりも大切であると実感できるようになると思います。

というのも、私たちは自分自身より、「しがらみ」を大事にしてしまいがちなのです。

そしてそれが、苦しみを生んでしまっているのです。

あなたも、人間関係や仕事のしがらみを優先して、自分のことを後回しにしてしまったことがあるのではないでしょうか。

たとえば、朝起きて体調がものすごく悪い時、しがらみの中で生きていると、つらい体を引きずりながら仕事に出かけるでしょう。

そんな生き方を続けて自分に無理をさせ続けると、心が疲労するだけでなく、体を壊してしまうことにもなりかねません。

もちろん、人間社会で生きていれば、つらいことや苦しいことは日々あります。

また、乗り越えていかなければいけないこともたくさんあります。「今日はハードな一日になりそうだ」と朝から覚悟しなければならない日もあるでしょう。

でも、**前日にいったんすべてをリセットして新しい一日を始めていれば、心がラクになり、その一日をどうやって乗り越えていくかを冷静に考え、準備できるようになってくる**と思います。

もし、前日をきちんと終わらせていなければ、起きた瞬間に雑念がムクムクと湧いてきます。フラットな状態で朝を迎えられるからこそ、自分という存在を大切にして、一日の準備をしっかりとおこなえるのだと思います。

ご神仏と仲よくなれる朝晩の習慣とは

この起床と就寝の時間を使って、もっとご神仏と仲よくなることができます。

朝晩、すべてのことに感謝した後に、自分の好きなご神仏に対しても感謝し、呼びかけるのです。たとえば、こんなふうに語りかけてください。

「お不動さま、ありがとうございます。今日もよろしくお願いします」

「薬師如来さま、今日も一日ありがとうございました」

その思いはダイレクトに届き、そのご神仏との絆がどんどん太くなっていきます。

そして、心配事や問題の解決法がフッと浮かびやすくなったり、あるいは、日常の中でご神仏からのメッセージが届きやすくなったりします。

たとえば、朝起きて体調が悪いと感じた時に、仕事に行くべきかそれとも休んだほうがいいのかを、直感という形でご神仏がアドバイスをくれることもあるのです。

本当は、ご神仏と私たちはいつもつながっています。でも日中は、やるべきことや考えるべきことで頭がいっぱいで、ご神仏の存在を感じる余裕がなかなかありません。

でも、**起床後や就寝前は意識がボンヤリしているので、ご神仏のメッセージを受け取りやすくなり、また思いが届きやすくなっています。ですから、この時間はチャンスなのです。**

寝る前と起きた直後の時間をご神仏との交流タイムにすれば、あなたの好きな神さま、仏さまとのご縁がグッと深まっていきますよ。

「真言」でご神仏の力をいただく方法

神さまや仏さまにお願いすれば、ドラマチックな出来事が起きて人生の大転換が起きる、と思っている人が多いのですが、必ずしもそうとは限りません。

もちろん、時にはアッと驚くようなことが起きて、運命が大胆に変わることもあります。

でも、ほとんどの人の場合、**ご神仏との関わりが深まっていくと、まず気持ちや行動、習慣が変わっていく**と思います。それも、蔦《つた》が少しずつはって枝を伸ばしていくように、徐々に「何か」が変わっていくのです。

そして、いつの間にか蔦が壁一面を覆ってしまうように、状況が変化しているのです。それがご神仏とのつながりで起きる変化の特徴です。

その変化は、日常の中に現れます。

たとえば、ご神仏とのつながりを深めるうちに、次のようなことが起こり始めるでしょう。

- 同じことが起きても以前ととらえ方が違う
- 昔は好きだったものにまったく興味がなくなった。
- 逆に、以前は興味がなかったことをやりたくなった
- 出会う人たちが変わった

ひとつひとつは小さな変化かもしれません。

でも、それが集まってひとつの流れになり、緑が生い茂るように人生が変わっていきます。見方を変えれば、人生を変えるタネは、毎日の生活の中にあるということです。

ご神仏を呼び寄せる真言の力

日常で、すぐに仏さまとのつながりを結べるのが「真言」です。
真言には、それぞれのご神仏のエネルギーが宿っています。

魔法のランプのようにご神仏のパワーを呼び出せる、**神さま仏さまにつながるスイッチが真言なのです。**

たとえば、**聖観音菩薩《しょうかんのん》さまの真言「オン アロリキャ ソワカ」には、才能を開かせる力、能力を伸ばす力**があります。

また、**文殊《もんじゅ》菩薩さまの真言「オン アラハシャ ノウ」には、物事の本質をまっすぐ見る力や洞察力、判断力を養う働き**があります。

もし、子どもが図工の時間に描いた絵を「ほら、こんなの描いたよ！」ともち帰ったら、親であればたぶん、「すごいね。いい絵だね！」とほめるでしょう。その時、**心の中で観音さまの真言を唱えると、さらにその子の才能は伸びていきます。**

あなたが仕事で能力を発揮したい場面でも、会議やプレゼンの前、企画を考える時などに観音さまの真言を唱えれば、大きなサポートがやって来ます。

家事を手際よくすませたい時や趣味の才能を伸ばしたい時も、もちろん大きな助けになります。

真言は、ご神仏に直接つながる〝携帯電話〟だといっていいでしょう。

この言葉を唱えると、ご神仏とつながり、その働きを私たちが生きている現実世界に現すことができるのです。

仕事にも真言の力を活用しよう

口に出して真言をお唱えすれば、声の響きでご神仏と強くつながることができますが、ご神仏は心の中からつながっているので、**心でお唱えするだけでも大丈夫**です。

仕事などの人間関係で萎縮してしまう相手や、理不尽な攻撃を受けることがある場合には、**十一面観音さまの真言「オン　マカキャロニキャ　ソワカ」**をそっと心の中でお唱えするといいでしょう。唱える回数は、自分のいいと思う回数で大丈夫です。

真言が思い出せない時には、

「十一面観音さま、お力を貸してください！」

と心の中で叫ぶのでもいいと思います。

そうすると、不思議なことに**恐怖や怒りがフッと軽くなり、状況が好転していく**ことでしょう。

さらに、契約を取るなど円満な人間関係を築きたい時には、**愛染明王さまの真言**

「オン ウンダキウンジャク」を心の中でそっと数回お唱えしてみましょう。いい縁であれば、結ばれると思います。

仏さまも神さまも、仕事の時であろうが、つねに一緒におられるのが実感できるようになると思います。

真言を唱えて日々自分を磨く方法

修行というと、寺にこもったり、滝行をしたりするイメージが強いかもしれませんが、しかし、日々の生活そのものも修行だと私は思っています。

しかも、家事でさえ、苦手な私にとってはかなり手強い滝行と同じなのかもしれません。

しかし、ご神仏の力をお借りすることで、家事を修行として、日々の生活の中で自分を磨いていきたいと思い、実践に努めています。そんな私の修行法を少しご紹介させていただきます。

水仕事をする時は水天さまの真言 心の汚れや邪気も一緒に払う

仏教において、水はとても神聖なもの。水垢離《みずごり》や滝行は、その水の力を使って行う修行です。

私は、**ふだん水を使う場面はすべて、水の神さまと対話しているのと同じだと思いつつ家事に向かうようにしています。**

朝夕の洗面時や入浴、炊事、洗濯、掃除、花を生けたり、ガーデニングをしたりする時など、日常で水を使う場面はたくさんありますね。

それぞれの場面で、**水の神さまである水天《すいてん》さまの真言「オン バロダヤ ソワカ」**を唱え、力をいただき、助けてもらいます。

水天さまと言えば、安産のご利益がある「水天宮《すいてんぐう》」が有名です。

これは諸説がありますが、体内の水の流れが悪い「水毒」という状態になると難産につながるため、水の流れをよくする水天さまが安産の守り神と言われているのです。

水を使わない日はないので、水天さまと仲よくなると、ご神仏の世界がグッと近づいて感じられます。

たとえば、洗い物は、「早く終わらないかな」と考えてイヤイヤやるのではなく、水天さまの真言を唱えて水の神さまと対話しながら汚れた食器を洗い、同時に自分の心もきれいにしていると考えましょう。

汚れた食器は、今、自分の日常にある嫌なことだと考えてみましょう。

洗い物や掃除などは面倒かもしれません。しかし、もしそのまま放置していたら、汚れたままの食器や鍋を使わなければなりません。また、汚いままの部屋でイライラしながらすごさなければなりません。

その汚れた食器や部屋をきれいに清めてくれるのが、水なのです。

そして、生きとし生けるものは水なしでは生きられません。なんとありがたいことでしょうか。

そう思いながら真言を唱えると、自然に心もきれいになっていきます。

また、**洗面や入浴の際にも、水の神さまが自分の心も体も清らかにして、すこやか**

に整えてくれると思いながら真言を唱えてみましょう。

日本は、蛇口をひねればきれいな水がふんだんに使えるありがたい環境ですが、「オン バロダヤ ソワカ」と唱えれば、その水に神さまが宿っているのだと意識できます。すると、水の無駄遣いなどできないですね。また、この環境のありがたさを日々実感することができます。

トイレ掃除は烏《う》枢《す》沙《し(さ)》摩《ま》明王さまの真言 運が向く

神さまはどなたもきれい好きですが、なかには汚い物を自分自身で食べて始末してくれる神さまもいます。それが、**トイレの神さま「烏《う》枢《す》沙《し(さ)》摩《ま》明王さま」**です。

烏枢沙摩明王さまは、どんなに汚いものでも食べてきれいにしてくれる神さまです。ですから、家の中で一番不浄な場所といわれるトイレで、『きれいにしてやるから、なんでもこい！』と、がんばってくださっているのです。

しかも、トイレ掃除の際に烏枢沙摩明王さまに感謝しながら、**真言「オン クロダノウウンジャク」**と唱えると、ますますがんばって働いてくださいます。

実は、一般的に**烏枢沙摩明王さまの真言を唱えながらトイレ掃除をすると、成功する、経済的に豊かになれる、**と言われています。しゃれっ気たっぷりに「**運が向く**」と言われることもあります。

最近では、公共施設などのトイレを掃除するボランティア活動もありますが、そのような活動をする方は烏枢沙摩明王さまに守られます。

なぜなら、その活動は汚いところをきれいにするという烏枢沙摩明王さまの誓願《せいがん》と同じだからです。

誓願とは、ご神仏が立てた神聖な誓いのことで、すべてのご神仏がそれぞれ誓願をもっていらっしゃいます。ご神仏は、自分と同じ誓願をもった人と行動をともにし、守ってくださるので、トイレ掃除のボランティアの方たちのところには、必ず烏枢沙摩明王さまが現れるのです。

火を扱う時は火天さまの真言　場を浄化する

水と同じように、**火にも強い浄化作用**があります。

お仏壇や祭壇にはロウソクを灯しますが、これは火の力で場を清め、法の灯《ともしび》として表します。

夏におこなわれる花火大会も火の力を使った浄化でもあり、智恵の輝きでもあり、もともとは先祖供養として始まりました。また、野宿する際には一晩中たき火をして獣除けにしてきましたが、森や山の中には魔物もいます。彼らも火を嫌うので、動物だけでなく魔物も追い払っているのです。

仏教で火の力を使うといえば、護摩祈祷です。これは、不浄も煩悩《ぼんのう》も焼き尽くす、清らかな炎の中に直接仏さまを招き、炎として示現していただくことで実際に仏さまを供養させていただき、人々の願いを仏さまにお届けする修法です。

火を司る神さまは、「火天《かてん》さま」です。

真言は、「オン アギャノウエイ ソワカ」です。

火の浄化作用はすごいので、家で**「ちょっと気味が悪いな」と思うことや不吉なことが起きたら、2~3分でもコンロの火をつけて、場が清まるイメージをする**といいでしょう。

また、炒め物や煮物など、台所で火を使う時もこの真言を唱えて、炎を使わせていただく感謝を火天さまにお伝えしましょう。

火と水を使う台所は火と水の神さまがそれぞれ守ってくださっている神聖な場所です。

二尊の神さまの力で常に浄化されるように願えば、台所は家の中で最もきれいな場所、清いものの集まった場所になります。一番生活に密着した場所が、一番清らかな場となっているのですね。

そして、そこに祀られるのが**荒神さま**といって、この国でもっとも古い神さまで、日本という国ができる前からおられ、神さま同士のいさかいも仲裁できると言われる長老のような存在です。

台所で火や水の神さまや荒神さまに助けられながら、自分や家族が生きるための料理を作っていると思うと、「今日は何にしようかな」と考えるのも楽しくなってきますよね。

お米や野菜を洗う時、野菜や肉を煮炊きする時、**「この料理を食べる家族が健康で**

いますように」と願いながら真言を唱えるのも、ひとつの尊い祈りだと思います。

掃き掃除は風天さま、拭き掃除は軍荼利明王さまの真言で場を清める

掃除機をかける時や掃き掃除をする時には、**風の神さま「風天《ふうてん》さま」**を呼びましょう。

真言「オン バヤベイ ソワカ」と唱えれば来てくださいます。

風天さまは、「風神雷神図」で有名な「風神」と同じ存在です。風を起こして場を清めてくださるので、**真言を唱えながら掃き掃除をすると、淀んだエネルギーやゴミやホコリをシューッともち去ってくださいます。**

洗濯物をスキッと乾かしたいと思う時も、風天さまにお願いすると早く乾きますよ。

拭き掃除の際には、**清めの力のある軍荼利《ぐんだり》明王さまの真言「オン アミリテイ ウン パッタ」**を唱えながら手を動かすと、すごく部屋が浄化されます。

軍荼利明王さまは、穢れや魔物だけでなく、邪念や障害も聖なるエネルギーで浄化

してくれます。

「今、自分自身も清まっているな」と思いながら拭き掃除をすると、部屋だけでなく気分もスッキリします。

海水浴をしたり温泉に入ったりすると、ゆったりしてくつろげますし、たき火やロウソクの炎を見ていると気持ちが落ち着きます。また、さわやかな風に吹かれると心がリフレッシュします。そんな火の不思議、水の不思議、風の不思議があるのは、神聖なご神仏が宿っておられるからです。

本当に、**日常の中にご神仏は存在し、毎日はご神仏の「おかげさま」であふれています。**そう考えると、今まで雑にすませてきたこともひとつひとつが祈りとして自分を支えてくれるのです。

そして、日々の暮らしが少しずつ潤い、やがて不満や苦しみが抜けていくのを感じると思います。

私は家事が大の苦手でしたが、仏さまを感じることで、徐々に変わることができました。お茶をいれる、掃除する、洗い物をする……。ひとつひとつの家事の中で仏さまがいつも励ましてくださいます。

今、**家事が単なる面倒や嫌なことではなくなり、人に喜んでもらうためのものであり、同時に自分を喜ばせるためのもの**となりました。そして、面倒だった家事の時間はだんだんと、ご神仏と一緒の祈りの時間になってきたように思います。

といっても、できない時はできなくていいのです。

できない自分を責める必要はまったくありません。

気がついた時やできる時に、思いを込めながら真言を唱えればいいし、そもそも、家事そのものが疲れてできない日もあります。そんな時は、**無理をしなくて大丈夫**です。

「〇〇でなければいけない」と思うと、ただの苦しみになってしまいます。

この世に存在しているということは、いろいろなしがらみの中で生きることです。

時には、「もうダメ」と思うこともあれば、「今日はやりたくない！」と感じる日もあって当然です。ですから、「できる範囲で精いっぱい」でいいのです。

特に仏さまは、「絶対○○でなければいけない」とはおっしゃいません。そう考えた瞬間、苦しみを生んでしまうからです。

もし、忙しさや疲れで、つい洗い物や片づけ物をためてしまったら、自分を責めたりイライラしたりせずに、

「よし、修行がいっぱいたまったぞ！　自分を磨こう」

と気分を切り替えて片づけるといいですよ。

この時、**真言を唱えながらやると、元気が出てきます。**もちろん、ご神仏も『がんばれ』とお力添えしてくださいます。

そして、「私は疲れていたんだな。最近忙しかったし」と気づいて、片づけが終わったら自分を癒やしてあげましょう。

最初は、見えるところに真言を貼ったりメモに書いたりすると、習慣化しやすいでしょう。

ご神仏の存在を感じながら日々を過ごすと、苦しみや面倒なことがいつしか楽しみ

に変わります。その変化が、やがて習慣や考え方、日々の行動を変え、自分自身も、周囲も、そして運命も、少しずつ変えていくのです。

ご神仏のご利益をいただく

ご神仏は目に見えませんが、個性をもって生き生きと動き、人間や生きとし生けるものに働きかけています。そして私たちは、その存在を心を通してとらえます。ここに少しご神仏の特徴とご利益をまとめました。お祈りの際にぜひ参考にしてください。

大日如来 だいにちにょらい

真言 オン アビラ ウンケン バザラダトバン

特徴とご利益……太陽よりも輝き、命を生み出す宇宙そのもの、この世界のすべてといえる存在です。真言宗では、他の仏さまはすべて大日如来から生み出されたと考えます。どんな願いでもかなえてくれる「仏の中の仏」です。

祈り方……どの仏さまにお願いしたらいいかわからないけれど、心に迷いや苦しみがある時、ぶれない心が欲しい時に、ありのままの自分を伝えて「助けてください」と祈りましょう。あなたの悩みや問題にぴったりな仏さまを遣わしてくださいます。

薬師如来 やくしにょらい

真言 オン コロコロセンダリマトウギソワカ

特徴とご利益……「病気や貧しさを消す」「衣服や食事を十分に与える」など、私たちがすこやかに生きるために12の誓いを立て、細やかな優しさで人々を救ってくださいます。

祈り方……心や体の状態をよくして元気に過ごしたい時、気持ちがすさんでいると思った時、「支えてください」と信じて心から祈れば、必ず手を差し伸べて苦しみを取り除いてくださいます。

釈迦如来 しゃかにょらい　真言 ノウマクサンマンダ ボダナンバク

特徴とご利益……釈迦如来は、悟りを開いて仏教の創始者となったブッダです。私たちに生き方を教え、正しい道へと導いてくださいます。

祈り方……生きる意味がわからなくなった時、自分自身が嫌になった時、悩みを打ち明けてみましょう。苦しみから逃れ、楽に生きられるヒントを教えてくださいます。

阿弥陀如来 あみだにょらい　真言 オン アミリタ テイセイ カラウン

特徴とご利益……みずからを悪人と嘆《なげ》く者たちはもちろん、善人と自称する者たちをも救って極楽に導くと誓う阿弥陀如来さま。人生が終わる時だけでなく、私たちが日々がんばる姿をずっと見守り、生きる勇気をくださいます。

祈り方……真言あるいは「南無阿弥陀仏《なむあみだぶつ》」と唱えると阿弥陀如来さまの力とつながります。死に対して不安を感じる時、生まれた意味を知りたい時に阿弥陀如来さまを思って唱えましょう。

聖観音菩薩 しょうかんのんぼさつ 真言 オン アロリキャ ソワカ

特徴とご利益……さまざまな観音さまの大元ともいえる存在。母のような深い慈愛で人々を慈しみ、災いや困難から守って、人生が華開くように導いてくださいます。

祈り方……聖観音菩薩さまは、どんなあなたでも受け止めてくれます。傷ついた心を癒したい時や生きる支えがほしい時、才能を開花させたい時などにお参りしてみましょう。

十一面観音菩薩 じゅういちめんかんのんぼさつ 真言 オン マカキャロニキャ ソワカ

特徴とご利益……頭上に阿弥陀如来さまと十一の顔をのせ、人の批判や悪口を言う心は厳しく正し、苦しみは優しく取り除いてくれる観音さまです。その人に合った対応で導いてくださいます。

祈り方……自分の道を迷いなく進みたい時や悪縁を切って良縁を結びたい時に、自分をすべて見せるつもりでお参りすると、その人にとって最善となる導きを与えてください。

千手観音菩薩《せんじゅかんのんぼさつ》

真言 オン バサラダラマキリク

特徴とご利益……目がついた千の手に多くの仏具をもち、誰一人見逃さず、あらゆる手段を使って苦悩から救ってくださいます。観音菩薩さまの中でも、人々を救う力は最大とも言われています。

祈り方……いろいろなことがうまくいかず、運を切り替えたい時に、自分のなりたい姿を具体的に思い浮かべながら「こうなりたいです」とお願いしてください。

地蔵菩薩《じぞうぼさつ》

真言 オン カカカビサンマエイ ソワカ

特徴とご利益……地蔵菩薩さまは「豊かな大地」を意味します。弱い立場の人から優先して手を差し伸べ、時には自分が身代わりになって救ってくださる強さをもつ、愛情深い仏さまです。

祈り方……死別のつらさを癒やしたい時、罪悪感や過去のつらさを精算したい時に、苦しい思いを打ち明けましょう。母のような優しさであなたを抱きとめてくれます。

不動明王 ふどうみょうおう

真言 ノウマクサンマンダ バサラダンカン

特徴とご利益……大日如来さまの化身と言われ、厳しくも深い愛でどんな人々でも必ず救ってくれる「雷オヤジ」のような存在。悪い思いは焼き尽くし、よい方向へ導いてくれます。

祈り方……心願成就だけでなく、困った時、つらい時に、泣きつくように助けを求めましょう。不吉なことが起きて邪気を祓いたい時にも、強力な力で厄払いしてくださいます。

愛染明王 あいぜんみょうおう　真言 オン ウンダキウンジャク

特徴とご利益……慈愛の血の涙で赤く染まった愛染明王さま。男女の愛だけでなく、慈悲や敬愛など相手を大切に思う気持ちを育て、欲や執着で迷う心を清らかな慈愛の心へと向かわせます。

祈り方……良縁を結びたい時はもちろん、無病息災や事業の増収増益を願いたい時にもお願いしてください。恋愛から、家族愛や人間愛、仏の愛と、より大きな愛へ深めていけるよう祈りましょう。

孔雀明王 くじゃくみょうおう　真言 オン マユラギランデイ ソワカ

特徴とご利益……毒蛇を食べる孔雀に乗る孔雀明王は、人間のもつあらゆる毒を抜いてくださいます。また、その毒を心がけ次第で栄養に変えていけると教えています。

祈り方……日常生活で心や体に溜め込んだ毒をすべて吐き出し、孔雀に食べてもらい、人を攻撃する気持ちや疲れを取り、心安らかな自分になれるよう祈ってください。

大黒天　だいこくてん　**真言**　オンマカキャラヤ　ソワカ

特徴とご利益……ヒンドゥー教のマハーカーラと日本の大國主命《おおくにぬしのみこと》が習合して大黒天さまとなりました。商売の神さまとしても人気が高い存在。豊かさと富をもたらしてくれます。理不尽なトラブルや病気などを退治してくれるトラブルバスターの側面も。

祈り方……収入を安定させたい時、商売（特に飲食業）を成功させたい時に、自分だけでなく、人にも豊かさや喜びがくるようにお祈りすると、応援の後押しがやってきます。

弁財天　べんざいてん　**真言**　オン　ソラソバテイエイ　ソワカ

特徴とご利益……私たちが豊かな暮らしができるように、さまざまな縁を与えてくれます。特に、才能や知識、人との縁を結び、悪縁を切ってくれます。技芸や勝負事も司ります。

祈り方……芸事の才能を磨きたい時や仕事で成功したい時、私生活や仕事で行き詰まった時に素直な気持ちで相談すると、打開策がふとひらめくなど、必ず応えてくださいます。

毘沙門天 びしゃもんてん

真言 オン ベイシラマンダヤ ソワカ

特徴とご利益……数多くの配下をもつ仏教の守護神。戦いの神でもありますが、手から無限に宝を湧き出させ、人々の願いに応じて与える福徳の神でもあります。

祈り方……家族や大切な人を守って幸せにしたい時や、決意を固めて前進したい時に祈ると、力を貸してくださいます。自分や周囲が、ともに福徳に恵まれるよう祈りましょう。

帝釈天 たいしゃくてん

真言 オン インダラヤ ソワカ

特徴とご利益……配下の四天王を使って仏教を力強く守る自由闊達な神。優れた戦いの力をもちながら、生き物を大事にする思いやりも。尻込みするわれわれに小さな一歩を踏み出す勇気を与えてくれます。

祈り方……自分を変えたい時、試合や商売に勝つための戦略がほしい時、帝釈天がひらめきや勇気をもたらしてくれます。雨を司る神でもあるので、農業や園芸のサポートもしてくださいます。

稲荷大明神 いなりだいみょうじん

お祈り なむ いなりだいみょうじん（南無稲荷大明神）

特徴とご利益……お稲荷さまとして祀られている神さまの中で一番有名な存在。五穀豊穣の神であり、日本全国にネットワークをもち、縁結びや商売繁盛のご利益があり、人生を発展させてくれます。

祈り方……結婚や仕事、商売などの良縁を結びたい時に幅広いネットワークで助けてくださいます。神社の作法に従い、二礼二拍手一礼してお参りしましょう。旅行の安全祈願にもご利益があります。

龍神　りゅうじん

諸龍真言　オン　メイギャシヤニ　エイ　ソワカ

特徴とご利益……龍神さまはすべての水を司ります。その水は清い水です。われわれやあらゆる生命が水によって生かされています。循環して、時としては雷を放ち、また海のうねりとなり、世の中の「流れ」に大きく関わります。龍神さまに守られるということは、「流れ」に乗れる、運が開けるということです。

祈り方……多くの種類の龍神さまがおられます。大きな流れに乗って人生の勢いを増したい時にお参りしてお祈りしましょう。

[著者]

悟東あすか（ごとう・あすか）

東京都三鷹市生まれ。高野山真言宗尼僧であり、漫画家。一児の母でもある。

幼い頃から「見えないもの」の存在を感じ、それに悩まされることもあったが、得度した時にお大師さまに願うことで、以後は祈る時にだけ感じられるようになり、現在に至る。

尼僧としては、1984年、高野山別格本山西禅院徒弟として得度。受明灌頂授了。2006年、高野山大学加行道場大菩提院にて加行成満。同年伝法灌頂授了。2007〜2009年、高野山大学にて中院流一流伝授授了。

漫画家としては、吾妻ひでお氏と巴里夫氏に師事し、さいとうちほ、竹本泉、ささやななえこ等各氏のアシスタントを経て、1989年に集英社少年ジャンプ第30回赤塚賞準入選。同年週刊少年ジャンプ夏期増刊号にてデビュー。その後、毎日中学生新聞等で4コマ漫画や取材漫画等を連載する他に、『大法輪』をはじめとする仏教系雑誌や複数の宗派の機関紙に漫画やイラストを連載。

著書に『幸せを呼ぶ仏像めぐり』（二見書房）、『教えて！ 仏さま』（じゃこめてい出版）、イラストを担当した著書に『仏さまカード 秘密のメッセージ』（北川宥智・解説／文 じゃこめてい出版）などがある。

神さま仏さまがこっそり教えてくれたこと

2018年1月24日　第1刷発行
2022年4月14日　第8刷発行

著　者――悟東あすか
発行所――ダイヤモンド社
〒150-8409　東京都渋谷区神宮前6-12-17
https://www.diamond.co.jp/
電話／03·5778·7233（編集）　03·5778·7240（販売）
装幀――浦郷和美
カバー・本文イラスト――悟東あすか
カバー写真――松島和彦
構成――江藤ちふみ
DTP製作――伏田光宏(F's factory)
製作進行――ダイヤモンド・グラフィック社
印刷――勇進印刷(本文)・加藤文明社(カバー)
製本――本間製本
編集担当――酒巻良江

ISBN 978-4-478-10392-0